JN417919

부부함께 **코이카 사랑** 이야기

초판 인쇄 2016년 11월 4일
초판 발행 2016년 11월 7일

지 은 이 주태균 홍중옥
발 행 인 김인식
발 행 처 한국국제협력단
주 소 경기도 성남시 수정구 대왕판교로 825
전 화 031.740.0114
팩 스 031.740.0655
홈페이지 http://www.koica.go.kr

펴 낸 이 윤태현
편 집 선형숙
디 자 인 윤의숙
펴 낸 곳 시나리오친구들
출판등록 1999년 3월 5일 제201-13-917호
주 소 서울시 마포구 아현동 굴레방로1길 6
전 화 02.712.9286
팩 스 02.712.9284

ISBN 978-89-89538-79-0 (03810)
값 13,000원

부부 함께

코이카 사랑 이야기

주태균 홍중옥 지음

2막 인생 가르치는 봉사 너무 행복했습니다.

"인생의 즐거움 찾으러 또 출발합니다. 페루로 해외봉사를 떠나는 환갑 넘은 부부 주태균, 홍중옥 선생님. 이제 여러분은 대한민국의 대표로서 해외에서 자기 재능을 나누고 섬긴다는 점에 자긍심을 가져 주십시오. 발급받은 관용여권의 의미를 항상 되새겨주시길 바랍니다. 마지막으로 언제나 건강에 유의하시길 바랍니다. 모두 파이팅!"

가슴을 적시는 월드프렌즈 사업본부장의 격려사를 들으며 우리 부부는 KOICA 해외봉사단 제80기로 수료식을 무사히 끝냈습니다. 수료까지 우여곡절이 무척 많았습니다. 최종 합격자 발표 날 우리 부부는 합격도 불합격도 아닌 후보자였습니다. 교육이 시작되는 첫날 아침 9시경에 앞에 두 선생님이 포기하는 바람에 우리 내외가 극적으로 선발되었습니다. 최종 통보를 받을 때 가슴이 정말 콩닥거리고 미지의 남미 잉카제국의 혼이 살아 숨 쉬는 페루가 눈에 아른거렸습니다.

KOICA 단원 선발 역사상 최초로 같은 나라, 같은 직종, 부부 봉사단원으로 우리 내외가 선발되었습니다. 페루 농촌 지역에 교육의 기회를 제대로 얻지 못한 초등학생들에게 우리 내외가 가진 재능을 고스란히 나눠 주고 싶었습니다. 하늘이 내린 은혜이었습니다.

페루 초등교육 분야에 파견되는 봉사자는 우리 내외가 처음입니다. 그래서 파견 학교에 제대로 된 교육 시스템을 만들어야 하겠다는 생각을 하게 되었습니다. 제대로 된 씨앗을 심는다는 게 엄청 중요한 일이라 생각했습니다. 이 시스템을 마련하기 위해 우리 내외는 몇날며칠 머리를 싸매고 생각에 생각을 거듭했습니다. 우리 내외는 그런대로 첫 단추를 잘 끼웠습니다.

아내는 음악을, 본인은 수학을. 페루 공립 초등학교에는 음악 교과 시간이 배정되어 있지 않습니다. 음악 불모지나 다름없는 아이들에게 음악의 생 기초부터 가르치는 봉사였습니다. 그야말로 열정과 사랑이 아니면 음악의 '음' 자도 모르는 아이들에게 합주까지 할 수 있는 그런 위치까지 올려놓기는 불가능했을 것입니다. 그 재미난 이야기와 성과들이 이 책 속에 고스란히 적혀 있습니다. 그야말로 감동입니다.

본인도 예체능 교과를 가르칠 명분으로 왔는데 봉사할 학교 당국에서 엉뚱하게 수학을 가르쳐 달라고 했습니다. 한국에서 각종 초등 예체능 자료를 많이 준비해 왔던 터라 처음엔 정말 난감했습니다. 4, 5, 6학년을 가르쳐 달라는 것이었습니다. 학교 전체 교사회의에서 결정한 부탁이라 거절할 수 없었습니다.

그날부터 현지 수학 교과서를 읽고 또 읽고 내용을 파악해 차근차근 가르쳤습니다. 나중에 알고 보니 가난했던 대한민국이 경제성장을 이룬 배경에는 학교 교육 중 과학과 수학 교육에 심혈을 기울여 이런 성과를 냈다고 생각하고 있었습니다. “주 카를로스 선생님, 제발 우리 아이들에게 그 비법을 좀 가르쳐 주십시오.” 이런 주문이었습니다. 막상 가르치기 시작하니 수학의 기초부터 자료가 전무했습니다. 이 아이들을 내 아이라 생각하고 KOICA 활동물품지원금으로 각종 자료를 100% 확보해 3년 동안 정말 죽어라 열심히 가르쳤습니다. 그 내용들이 책 속에 보석처럼 기록되어 있습니다.

저희들은 정말 꿈같이 페루에 와서 정말 KOICA 사랑을 너무도 많이 받은 예순 넘긴 부부함께 KOICA 사랑 시니어입니다. 페루 도착 전 아내는 페루 북부 도시 삐우라로, 필자는 페루 남부 도시 아레키파에 봉사할 학교가 배정되어 있었습니다.

그러나 우리 부부가 페루에 도착해 현지적응교육을 2개월 받는 사이 페루 KOICA 사무소 송창훈 소장님께서 두 분이 같은 지역에 가서 봉사하는 것이 좋겠다고 하시면서 아레키파 지역의 학교를 발굴해 우리를 보내주셨습니다. 얼마나 감사하고 큰 배려인지 모릅니다. 두고두고 가슴에 남는 사랑입니다.

우리 내외는 기본 봉사 2년에 1년을 연장하여 총 3년 동안 페루 아레키파 농촌 아이들과 함께 얼마나 재미나게 보냈는지 지난 시간들이 마치 꿈만 같았습니다. 우린 대한민국 KOICA 단원으로 늘 자부심을 가졌습니다. 인류의 평화와 발전을 위해 헌신하는 자랑스러운 대한민국 해외봉사단원이라는 것을 한시도 잊지 않았습니다.

또 가난하고 소외된 자를 위해 자신을 희생하면서 진정한 보람을 찾았습니다. 더불어 사는 인류 공동체의 정신을 봉사 현장에서 최선을 다해 실천하였다고 조금은 자부합니다. 또 눈높이를 낮춰 현지 문화와 동화되기 위해 많은 노력도 했습니다. 모두가 아름다운 봉사의 한 페이지였습니다.

예순을 넘긴 부부가 틈틈이 쓴 KOICA 사랑 이야기를 모아서 이렇게 책을 엮었습니다. 불모지에서 자라나는 아이들을 가르친 교육 이야기, 현지인들과 더불어 나눈 삶 이야기, 방학 때 휴가를 얻어 현지 역사 문화 탐방 이야기들이 한데 모아 책이 되었습니다.

끝으로 물심양면으로 저희들을 응원해 주신 KOICA 페루 사무소 송창훈 전 소장님, 코디네이터 세 분, 그리고 인턴, 안전 지킴이 호르헤 아저씨께 진심으로 감사의 인사를 올립니다.

그리고 우리 내외가 3년 동안 페루에서 봉사 생활을 하는 동안 무사 안녕을 위해 기도로 지원해 주신 모 교회 밀양 삼문교회 박은득 목사님 이

외 전 성도님들께도 깊은 감사의 인사를 올립니다. 마지막으로 우리가 없는 동안에도 묵묵히 자기가 맡은 일에 최선을 다하고 다섯 손자 손녀를 잘 양육한 아들 현이, 며느리 화, 딸 미, 사위 국이에게도 그동안 수고했노라고 인사를 드립니다.

모두에게 감사와 우리 내외 감동의 3년 감격의 가르침 등 부부함께 KOICA 사랑이 영원했으면 좋겠습니다.

2016년 9월 30일

주태균, 홍중옥

귀감이 된 봉사에 큰 박수를

65여 년 전 한국전쟁 이후 폐허와 잿더미, 기근, 넘치는 실업 속에서 그나마 우방국의 도움으로 대한민국은 서서히 재기의 발판을 마련했습니다. 전쟁 이후 인천 상륙 작전의 영웅 맥아더 원수는 '대한민국은 향후 100년 안에 재기하기 어려운 나라가 될 것'이라고 예언한 적이 있었습니다. 예언 당시 우리나라의 모습이 얼마나 처참했으면 그런 말을 했겠습니까?

그러나 우리나라는 70년대 한강의 기적을 이루며 경제개발 5개년 계획을 발판으로 서서히 세계로 향한 국력을 떨치기 시작했습니다. '수출만이 살 길'이라는 구호와 '하면 된다'는 불굴의 정신 무장으로 1990년 초반 백억 불 수출탑을 세우는 등 그동안 수원국의 불명예를 씻고 공여국이라는 세계 역사에 보기 드문 경제 대국의 나라로 변신하게 되었습니다.

이젠 세계 10위권 경제 대국으로 도약하면서 우리나라는 명실상부한 기술 대국과 개발도상국들이 가장 롤모델로 삼고 싶은 나라로 우뚝 서게 되었습니다. 여기에 한 축을 이루는 것이 국제개발원조를 담당하는 한국국제협력단(KOICA)의 역할이 크게 강화되었다는 것입니다.

KOICA는 1991년에 설립되어 약 25년이 지난 지금, 100개국이 넘는 개발도상국에서 경제, 사회 발전과 빈곤과 질병 퇴치, 국가 역량 증가를 위해 펼친 다양한 사업은 그 족적이 너무나도 선명합니다. 우리 정부는 넓은 시야로 우리가 갖고 있는 열정과 땀의 역사를 세계 곳곳에 심고 그들에게 꿈을 어떻게 실현할 수 있는지 보여주고 있습니다.

우리나라의 개발원조는 그 규모에서 아직도 부족한 점이 있지만 수원국 개발전략과 필요에 부응하는 순발력으로 투자 대비 큰 효과를 거두고 있습니다. 우리의 경제개발 새마을사업 경험을 바탕으로 교육, 보건의료, 농촌개발 새마을 사업, ICT, 기후환경, 인프라 구축 분야 등에서 의미 깊은 성과를 내고 있습니다. 이러한 성과는 우리 사회와 기업들이 축적한 기술과 경험도 중요하지만 KOICA 사업에 참여하는 전문가, 봉사단, 기업 등 여러분들의 노고와 정성이 농축된 데에 크게 기인하고 있습니다,

이번에 예순 넘긴 부부함께 KOICA 사랑을 페루에서 3년간 실천한 주태균, 홍중옥 두 분 선생님 봉사 실천 경험담 《부부함께 코이카 사랑 이야기》를 출간하게 되는 데 대해 우선 두 분께 진심으로 축하 인사를 드립니다.

본인이 이 두 분 선생님을 각별히 존경하고 감사드리는 것은 2007년 8월 말부터 2010년 8월 말까지 만 3년 동안 제가 주이란 대사로 근무할 당시 주태균 선생님은 이란 테헤란 한국학교 교장 선생님으로, 홍중옥 선생님은 1학년 담임선생님으로 근무하셨습니다. 두 분은 근면 성실하고 책임감이 매우 강한 부부 선생님이셨습니다. 당시 어려운 환경에서 한국 학교

의 프로그램과 교육의 질을 한껏 높이는 데 크게 기여하셨습니다.

이후 서로 모두가 다음 임지로 떠나면서 자연스럽게 잊히는 듯했으나 두 분 선생님이 정든 학교를 정식 은퇴하고 바로 KOICA 80기 시니어 단원으로 부부함께 지원하였습니다. 우여곡절 끝에 최종 합격하여 남미 페루 아레키파 지역에서 초등학교 분야에 만 3년 동안 나눔과 섬김이라는 KOICA 기본 정신에 매우 충실하시게 열과 성을 다하신 귀감이 되시는 선생님들이십니다.

특히 주태균 교장 선생님은 본인이 이란에서 근무할 당시 여행 일기를 모아 《낙타 선생 페르시아를 가다》라는 훌륭한 책을 출간하셔서 많은 사람들에게 생소한 이란, 페르시아의 역사와 문화를 접하게 해주셨습니다. 주 선생님은 자기 활동과 관찰을 세심히 기록하시는 교육자로서 모범을 실천하려 노력을 하시는 분입니다. 이번 《부부함께 코이카 사랑 이야기》는 약 3년 동안의 봉사 활동 중에 마음에 와 닿는 감동적 이야기 6십여 편을 골라 책으로 나오게 되었습니다.

그 내용 하나하나에는 헌신과 자기희생의 모습이 보석처럼 빛나고 있습니다. 열악한 환경에 처한 페루 시골 아이들에게 꿈과 용기를 심어 주신 가슴 따뜻한 두 분 선생님이십니다.

주 선생님은 수학을, 홍 선생님은 음악을 가르쳤습니다. 페루의 시골 아이들은 각도기를 사용해 각을 재어 본 적이 없을 만큼 열악한 교육 환경에 처해 있습니다. KOICA 교육 활동 지원으로 그 아이들에게 새로운 세상을 보여주고 진일보한 배움의 기회를 주신 이야기를 보면 뭉클함을 느꼈습니다. 페루 초등학교 교육과정에는 음악이라는 교과가 정식으로 없습니다. 이런 아이들에게 음악의 기초를 하나하나 가르쳐 바이올린 연주를 가르치고 리듬 합주를 할 수 있을 정도로 음악 능력을 향상시켰습니다. 이 놀라운 소문이 현지 지역 신문과 TV에서도 크게 홍보되었다고 합니다. 정말 자랑스러운 부부함께 KOICA 사랑 실천 이야기입니다.

끝으로 대한민국의 KOICA가 개발도상국 전 세계로 향해 자기가 가진 재능을 나누며 인류 평화와 빈곤 퇴치에 앞장선 것은 큰 자랑거리입니다. 두 분 선생님 정말 수고 많으셨습니다. 지난 3년간 쌓은 좋은 교육 경험을 다시 한 번 더 KOICA 정신에 맞게 헌신해주시기를 간절히 바랍니다. 인류의 평화와 발전을 위해 헌신하신 자랑스러운 두 분 선생님께 다시 한 번 더 큰 박수로 응원합니다. 감사합니다.

2016년 10월 1일

한국국제협력단 제 10대 이사장 **김영목**

글을 싣는 순서

제 1부 잉카 아이들과 함께한 행복

제 2부 현지에서 더불어 삶 이야기

제 3부 부부함께 KOICA 사랑 이야기

제1부

잉카 아이들과 함께한 행복

늘 해외근무를 꿈꿔 왔는데 기회는 우연히 찾아왔다. 구소련이 붕괴되고 나서 92년 신생독립국가들이 생겨날 무렵이었다. 중앙아시아 우즈베키스탄에 22만 명이나 되는 고려인들이 거주하고 있다는 걸 알게 되었다. 모두 스탈린 때문에 강제 이주 당한 분들이랑 그 후손들이 타 민족으로 아픔을 간직하고 살아가고 있었다.

필자는 이 정보를 접하고 가슴 깊숙한 곳에서부터 퍼져 나오는 울림 같은 것을 느꼈다. 아내에게 마음속에 자리 잡은 계획을 이야기했고 함께 미래를 준비했다. 정보를 찾고 공부하며 결국 기회를 잡았다. 바로 우즈베키스탄 한국교육원 원장을 뽑는다는 걸 알게 되었다.

하늘이 준 기회로 여기고 약 1년 동안 어학 공부를 준비하여 1차 영어 시험과 2차 면접까지 단번에 합격했다. 그리고 1998년, 우즈베키스탄 수도 타슈켄트에서 마음속 열정의 꽃을 피우기 시작했다.

머나먼 곳에 정착해서 비슷한 문화를 향유하며 살아가는 고려인들. 이들을 위한 삶을 살아가겠다는 마음은 우즈베키스탄 현지인을 대하더라도 달라지지 않았다.

우리 부부는 우즈베키스탄에서 3년을 지낸 후 2001년에 귀국했다. 다시 시작된 초등학교 교사로서의 삶도 만족스럽긴 했지만 또 다른 도전을 갈망했다. 2006년 8월 부부는 다시 이란에서 한국 어린이들을 가르치기 위해 테헤란에 위치한 한국초등학교로 떠났다.

이슬람 근본주의를 따르는 나라여선지 규율도 엄격하고 음식 통제도 많았다. 그런데 그곳에서 놀라운 일이 일어났어요. 드라마 〈대장금〉이 대히트를 쳤다. 일요일 골든타임이었는데 시청률이 거의 8십 퍼센트가 나왔다. 상상이 안되는 인기였다.

우리 부부는 2013년 4월 25일 꿈에 그리던 페루로 떠났다. 페루에서 KOICA 해외봉사단으로서 초등 교육 분야에서 부부함께 봉사를 하게 되었다. 페루 초등교육 분야로 봉사자를 파견하는 건 우리가 처음이다. 그래서 우리 부부가 첫 단추를 잘 끼워 이 땅에 소외된 어린들에게 희망과 용기를 심어 주는 것이 진정한 봉사이다.

▶ 이란 근무 때 한국학교를 찾아주신 김영목 대사님

페루 아레키파 로

이 땅에 온 지 벌써 한 달 보름쯤 된다. 제법 페루화된 듯 말귀도 제법 열리고 내가 하고 싶은 말도 제법 하는 편이다. 그래야 봉사 시작부터 의사소통과 이 땅을 사랑하는 마음이 진해지는 것이 아닌가?

아레키파[1)]에서 봉사하기에 앞서, 1주일 동안 사전탐사 차 아침 7시에 택시를 타고 공항을 향했다.

아침 출근 시간대라 차가 무척 많이 밀린다. 3십 킬로미터 정도 거리가 거의 2시간이 걸렸다. 무사히 수속을 끝내고 11시 15분에 정확히 이륙을 한다. 가기는 가는 모양이다. 자리가 중앙 통로라 남미의 등뼈와도 같은 안데스 산맥 등줄기를 마음껏 감상할 수 없어서 좀 아쉬웠다. 먼발치서 바라본 안데스는 태고의 신비를 이고 근엄한 자태를 뽐내고 있었다.

비행기가 정시에 아레키파 공항에 도착했다. 페루 제2의 도시 공항치고 무척 아늑했다. 가슴이 벅차올랐다. 이 땅에서 아내랑 같이 2년 동안 아이들에게 희망과 용기를 심어 줄 것을 생각하니 마음이 막 달아오른

1) 페루 제 2의 도시이다. 페루 남부에 위치하고 있으며 칠레와 가까운 곳이다. 세계에서 제일 높은 곳에 위치한 티티카카 호수와 가까운 도시이며 스페인풍이 가장 많이 나는 도시이며, 세계에서 가장 깊은 계곡 즉 콜까 계곡이 있는 곳이다. 인구 약 80만 명이다.

다. 자신을 낮추고 문명의 이기와 다소 거리가 먼 듯한 아이들을 내 자식 같이 가슴에 품어 보리라 생각하니 내 젊은 시절 교육애가 반추되어 막 밀려오는 듯했다.

아내가 봉사할 학교의 교장, 교감 선생님 그리고 아이 둘이 우리말로 된 피켓과 태극기를 들고 기다린다. 필자가 봉사할 학교의 교장 선생님, 여자 교감 선생님 두 분도 환한 모습으로 반긴다. 이곳 초등학교에서 봉사는 우리가 처음이다. 초등교육 분야의 거의 개척자나 다름없다. 우리 두 내외가 첫 단추를 잘 끼우고 봉사가 지속될 수 있도록 최선을 다해야 겠다.

아레키파로 신규 단원 4명이 같이 왔다. 이곳 대학에서 한국어를 가르칠 김 선생님 또 다른 대학에서 음악 교육을 할 안 선생님, 우리 부부 4명이다. 모두가 한 배를 타고 목적지를 향해 같이 힘을 모아 봉사할 우리들이다.

이곳에는 4명의 선배 단원들이 열과 정성을 함께하며 봉사를 하고 있다. 이분들이 우리를 맞이한다. 얼마나 마음이 놓이는지. 선배 단원들이 우리가 닷새 동안 묵을 호텔도 예약해 놓았다. 그러면서 이곳의 각종 정보를 하나하나 제공해 준다. 모두가 이 땅을 사랑하는 마음이 하나로 이어지는 가교이다.

대부분 일이 년 가까이 봉사한 이력이 있어 현지어를 구사하는 모습부터 영 다르다. 이곳 지역 대표로 태권도를 지도하는 배 사범은 거의 현지인 수준이다. 존경스럽다. 얼굴에서 풍기는 모습이 섬김과 나눔이 물씬 배어 나오는 것 같다. 나머지 선생님들도 하나같이 재미나다. 봉사자로 마음가짐이 올곧은 선생님들이었다.

부족한 우리 내외를 이곳 공항에서 정성껏 맞이해 준 여러 선생님들 그리고 아이들 모습이 하루를 마무리하고 잠자리에 들기 전까지 눈에서 아른거린다. 내일 봉사할 학교를 방문하기로 했다. '무엇을, 어떻게 신바람 나게 가르칠까'라는 생각이 머릿속에 연이어 맴돈다. 지난날 아이들 편에 서서 가르쳤던 노하우를 재생시켜 봉사할 학교에서 무엇을 원하는지 잘 조율해 최선을 다할 생각이다.

▶ 공항에 마중 나온 현지 기관장

태극기와 함께한 환영회

우리 내외를 반기는 아이들

잉카 아이들을 어떻게 가슴에 품을까?

페루 제2의 도시 아레키파. 늘 가슴에 그리던 도시에서의 이틀째 생활. 필자가 생각보다 훨씬 마음에 드는 도시였다. 스페인 식민지 시절, 가장 스페인화된 도시로 만들기 위해 혼신의 힘을 기울였던 도시다. 그래서 도시 중심은 마치 고대 박물관 같은 분위기이다. 현대 도시답지 않게 때가 덜 묻은 그런 도시이다. 사람들 표정도 밝고 바가지가 별로 눈에 띄지 않은 농촌형 도시 같다.

아침 일찍 우리가 봉사할 학교를 찾아 나섰다. 학교 위치는 어디쯤 될까? 학생들 학력 수준은 어떻게 될까? 많은 의문이 밀려온다. 선배 단원인 배 선생님이 8시 30분경 왔다. 한 2년 가까이 이곳에 산 이력 때문에 현지어가 무척 유창하다. 택시를 타고 아내가 봉사할 학교로 향했다. 시내에서 약 5킬로미터 정도 떨어진 외곽 전형적인 시골 마을 학교였다.

어제 9시 반에 가겠노라고 약속을 해놓은 덕에 전교생 그리고 전 선생님들이 환영 프로그램을 만들어 우릴 반긴다. 아내는 무척 당황해하는 표정이다. 마틸데(Matilde) 교장 선생님이 교문 앞에서 반갑게 맞이한다. 환한 웃음이 마음 깊숙이 파고든다. 교문을 들어서자 전교생이 운동장에 모여 환영 준비를 하고 있었다.

교문을 들어서는데 깜짝 놀랐다. 태극기와 페루 국기를 들고 우릴 맞이한다. '환영'이라 쓰인 피켓도 여기저기서 보인다. 가슴이 뭉클해 온다. 이런 환대를 어떻게 보답해야 할지 가슴이 벅차오른다. 교장 선생님의 간단한 소개와 더불어 전교생이 '페루에 오신 것을 진심으로 환영합니다. 우린 선생님을 사랑합니다'란 인사를 모두 제창한다. 이어서 페루 전통의 춤 공연과 꽃다발 증정식이 있었다. 아이들이 이날을 위해서 무척 많은 준비를 했다.

아내는 아침 일찍 스페인어 인사를 적어 인사 연습을 한다. 내가 염려한 것이 무색하게 스페인어로 인사를 잘한다. 전교생의 박수 소리가 우렁찼다. 환영 행사 후에 교장실에서 간단한 차 대접이 있다. 모든 게 정성과 감사가 배어 있는 순서였다. 무얼 가르칠까? 의논하는 중에 아내를 도와줄 도우미 선생님이 음악과 미술 수업을 도와 달라고 한다. 이곳 학교는 주 교과 이외 예체능 교육은 여건상 힘드는 모양이다. 교사 지원도 턱없이 부족하고 교육에 투자되는 국가 예산도 한참 후순위다. 그래서 우리들을 초청해 이를 보전하려는 것이다. 한 5십여 년 전 우리나라 영어 교육에 크게 힘이 되었던 미국 평화봉사단을 비교하면 이해가 될까?

교장 선생님과 면담 후 학교를 쭉 둘러보는 중에 학교장의 학교 경영철학이 얼마나 확고한지를 읽을 수 있었다. 선생님들이 아이들을 사랑하는 마음이 교실 환경 정리를 해놓은 모습에서 읽을 수 있었다. 특히 아이들의 기초와 기본 교육이 매우 충실했다. 교실의 청결 상태, 선생님에 대한 예의 등 학교장의 경영 철학이 곳곳에 배어 있었다.

아내는 이 아이들을 어떻게 하면 인성이 좋은 아이로, 세계를 품을 수 있는 아이로 더불어 가르칠 것인가 하는 생각을 깊이 했다. 분명 이 아이들은 나름대로 잠재력을 가지고 있다. 이를 계발해 사랑으로 가르치면 미래에 한국을 사랑하고 페루의 미래를 책임질 인재로 성장할 것으로 믿어졌다. 우리 부부 KOICA 시니어 단원의 명예를 걸고 나눔과 섬김의 봉사에 최선을 다하리라. 다시 한 번 더 다짐을 해본다.

▶ 순수 그대로인 잉카 아이들

▶ 환영 축하 전통 춤 공연

수학 가르치는 봉사 시작했습니다

교사란 직업을 천직으로 알고 지나온 길이 손에 잡힐 듯 엊그제 같았는데 손가락을 하나하나 접으며 세어 보니 꼭 4십 년 전 일이다. 이젠 안방 구들장에서 노년을 보내는 것이 평범한 일상인데, 다시 도전하는 배짱이 씨앗이 되어 지구 반대편 남미 대륙 페루에서 제2막 인생 봉사를 하고 있는 내 자신의 삶이 자랑스럽게 여겨진다.

예순 넘긴 부부가 동시에 KOICA 시니어 단원으로로 봉사하게 된 경우는 KOICA가 생긴 이래로 처음이다. 그래서 국내 교육 중에 각종 매스컴에 회자되었다. 좀 많이 부끄럽기도 하고. 그래도 감사한 것은 그동안 쌓은 초등교육의 노하우를 페루에서 십분 발휘할 수 있는 기회를 얻었으니 얼마나 감사한 일인가?

오늘로 나흘째 아레키파 시골 학교에 출근해 아이들과 더불어 시간을 보냈다. 7월 20일경 겨울방학[2] 전까지는 아이들과 친해지는 시간이다. 여기 선생님들이 원하는 한국처럼 수학을 재미나게 공부하는 교수법을 전수해 달라는 부탁이 있었기에 아이들에게 한국식 진단평가를 4~6학년 10반을 시차를 두고 하기로 했다.

2) 여긴 6, 7, 8월이 겨울이다. 우리나라와 계절이 정반대다.

한국형 기초와 기본 문제를 입수해서 학년 수준에 맞게 문제를 복사해 평가를 해보았다. 문제는 학습지를 복사할 복사기가 없으니 필자 호주머니를 털어 복사를 했다. 한 장에 우리 돈 20원 정도 하니 4, 5, 6학년 총 350여 명을 평가하는 데 약 7천 원 정도가 들어간 셈이다. 아이들은 문제를 접할 기회가 적어 문제를 푸는 방식부터 잘 모른다. 진단평가, 단원평가, 총괄평가 등 이들에겐 꿈도 꾸지 못했던 일이다. 아이들 수학 능력이 자연히 부족할 수밖에는.

일전에 6학년 어느 반에서 문제지를 나눠 주고 문제를 푸는데 어느 한 학생이 1솔(우리 돈 40원)을 내민다. 문제지 복사 값이라고. 여긴 문제지를 풀 때마다 돈을 내는 모양이다. 재정이 어려우니 이해하고도 남는 현실이다. 이런 아이들을 어떻게 부담 없이 가르치고 돌볼 것인가? 계속 생각들이 머리를 맴돈다. 복사기와 용지만 있다면 얼마든지 아이들의 능력을 파악하고 부족한 부분을 성장시킬 수 있을 텐데. 그리고 잠재력을 계발할 수 있을 텐데?

지난 4일 동안 4학년 세 반, 5학년 세 반, 6학년 네 반 총 열 반을 진단평가 차원에서 평가를 실시해 봤다. 결과는 한마디로 전체 부족이었다. 이유는 간단했다. 수학의 기본인 사칙연산의 기초가 무척 부족했다. 많은 문제들을 풀어야 수리 능력이 쌓이는 것이 이치인데 자료 부족, 문제풀이 부족 등으로 아이들의 지금 모습을 초래하였다. 도대체 어떻게 이 아이들을 가슴에 품고 재미난 수학 공부를 할까를 고민해 봤다. 답은 재정이었다.

마침 우리 KOICA에서 현지에서 봉사하는 동안 봉사의 질을 높이기 위해 1인당 1년 봉사활동 지원비로 약 1,250불을 지원해주고 있으니 그 경비로 문제지를 복사하고 수학 학습에 필요한 자료 이를테면 자, 컴퍼스, 풀, 가위를 구입해 학습에 투입하면 효과가 엄청 크겠다. 봉사 초기 현지 사항을 충분히 파악하고 사전 지도 계획을 잘 세우면 나눔과 섬김의 KOICA 봉사 정신이 고스란히 녹아 이 아이들에게 적용되겠다는 생각이 들었다.

여기 학교 실정은 이렇다. 초등학교(프리마리아)는 오전에 중등학교(세쿤다리)는 오후에 수업을 하는 전형적인 2부제 학교이다. 초등학교는 아침 8시까지 등교하여 8시 20분에 1교시가 시작되어 12시 30분에 오전 5시간 수업이 마무리된다. 바로 이어서 중등학생들이 등교한다. 교체가 이루지는 시간에는 학교가 마치 시장 바닥처럼 무척 분주하고 어수선하다.

초등학교 선생님들은 오전 수업이 끝나면 바로 귀가하고 중등학교 선생님들이 일제히 등교를 한다. 재미난 풍경이지만 언제쯤 이런 어려운 교육 환경이 개선될는지. 70년대 우리나라 대도시의 2부제 수업을 상상하면 비교가 될까? 나라마다 차이는 있지만 다 같이 교육에 열정을 가지지만 교육에 투자하는 예산이 문제이다. 여기 페루는 교육 예산이 한참 부족한 실정인 모양이다. 19개 학급을 가진 제법 큰 초등학교이지만 학급당 학생 수가 보통 4십여 명이고 시청각 교재는 꿈도 꾸지 못하는 실정이다. 독서용 도서도 마찬가지이다.

필자가 가르칠 수학 교과는 교과서가 전부이고 문제지나 자료는 거의 전무한 상태이다. 그래서 이 학교가 우리 정부 KOICA에 초등교육 분야 선생님을 요청해 수업의 질을 높여 보려 했는지도 모른다. 이번 주가 지나면서 대체로 무엇을 어떻게 가르쳐야 하는지 감을 잡을 수 있었다.

수업에 들어가니 아이들이 너무도 반갑게 맞는다. 생김새가 다른 이방인 늙은 선생님에 거는 기대가 이만저만이 아니다. 박수로 때론 인사로 환영하는 눈빛 속에 사랑을 한껏 느낄 수 있었다. 문제지를 받아들고 한참을 머뭇거리다 문제를 푸는데 이해가 안 된다고 질문을 던진다. 아직은 말귀를 잘 알아듣지 못해 충분히 설명을 할 수 없지만 아이들 의욕을 보며 위로가 되었다.

8월 초 신학기가 시작되기 전 충분한 자료 준비와 교재 준비를 통해 이 학교가 원하는 한국형 수학 학습지도를 마음에 품어 본다. 재미있는 수학 공부로 창의력이 쑥쑥 자라나는 수학 능력을 계발하는 데 최선을 다할 생각이다. 분명 할 수 있을 것 같다. 아이들이 좋아하니.

▶ 담임선생님과 함께 수학 자료를

▶ 탱그램으로 함께 공부하며

수학 공부가 재미있다고 환호하며

아이들과 즐거운 한 때

학기말 교육성과 발표회

여기 페루도 우리나라와 학기가 비슷하다. 매년 3월이 신학기이고 7월 말부터 2주간 겨울방학을 하고 8월 12일부터 2학기가 시작된다. 이 땅에 와서 한국 정부의 해외 봉사 전체를 대표하는 KOICA 시니어 부부 단원으로 봉사하면서 매일매일 새로운 현장 체험을 하고 있어 그 감회는 새롭다.

오늘은 2013학년도 전반기 1학기를 마무리하는 겨울방학식(여기 겨울임)에 앞서 학교에서 한 학기 동안에 교육성과 자료를 전시하고 아이들의 여러 가지 재롱을 학부모님들께 보여드리는 뜻 깊은 날이다. 오늘 행사를 축하하기 위해 학교에서는 푸짐한 상품을 준비해 아침 조회 시간에 경품 추첨 시간도 가졌다. 약 15개 정도의 경품을 추첨해 아이들에게 전달하는데 당첨된 아이는 좋아서 어쩔 줄 모른다. 어디를 가나 동심은 매한가지이다. 보기만 해도 절로 신바람이 났다.

이번 일주일 내내 우리 학교에서는 아침마다 조회를 했다. 우리나라 같으면 엄두가 나지 않는 아침 조회인데 아이들이 종소리에 맞춰 일사분란하게 조회에 잘 참석한다. 이유는 7월 28일이 페루가 근 삼백 년 동안 스페인 식민지로 있다가 자주 독립을 쟁취한 뜻깊은 날을 상기시키기 위한 조회이다.

이 날에 대한 역사 의식을 고취시키기 위해서 전교생을 모아 놓고 학교장은 훈시로, 때론 아이들 연극으로, 아이들의 자발적인 발표로 자국 독립의 중요성을 강조했다. 두 명의 이방인 베네수엘라의 시몬 볼리바르(móin Bolíivar)와 아르헨티나인 호세 데 산마르틴(José de San Martíin)에 의해 독립이 쟁취되어 지금에 이르고 있다는 역사의식을 강조하는 그런 모임이다.

그러면서 1학기가 종료되는 오늘 발표할 각 반 프로그램을 아침 조회를 통해서 연습 삼아 한번 발표해 보는 조회이기도 했다. 우리처럼 총연습이 있는 것이 아니라 평소 아침 조회 시간에 간단히 발표해서 점검을 받는 것이다. 좋은 아이디어이다.

이렇게 준비한 학생들 재롱 잔치와 학습 결과물 전시회가 아침 10시부터 학교 운동장에서 실시되었다. 특별히 강당이 있는 것이 아니라 운동장에 학부모님들 자리를 마련해서 재롱 잔치를 함께 관람하게 하고 운동장 적당한 코너에 각 반 학습 결과물을 전시해서 학부모님들이 자기 자녀들 학습 결과물을 관람하도록 하는 행사이다.

우리나라 학기말 학예발표와 흡사한 내용이었다. 세계 어디를 가나 학생들을 지도하고 나면 그 결과물을 전시해서 학부모님들부터 평가받는 것이 교육의 한 부분이다. 이런 과정이 있어야 학교도 학생도 발전하는 것이다. 여기 우리 학교도 선생님들의 성의와 학생들이 스스로 구상한 다양한 발표물들이 오늘 그 평가를 받았다.

오늘 행사는 전체적으로 아기자기하고 초등학생 수준에 맞는 내용이 대부분이었다. 오늘 학예 행사 순서 중에 단연 인기를 끈 프로그램은 독

▶ 자기가 만든 로봇을 전시하고 나서

▶ 5학년 1반 전시 작품 앞에서

립과 관련된 연극 프로그램이었다. 4학년 어느 반 학생들의 생동감 넘치는 연극 공연은 학부모님들로부터 많은 박수갈채를 받았다. 1학년들이 플랜카드를 들고 노래와 율동을 겸한 발표도 돋보였다. 그 외 반별로 단체 무용 그리고 노래 등이 있었다. 우리나라에 비해 수준은 좀 떨어져도 순수하고 재미난 맛이 있어 성공적 행사로 평가하고 싶다.

학습 결과물 전시는 각 반의 우수한 학생들이 자기 반 결과물을 학부모님들한테 직접 설명하면서 우리 반이 최고라고 자랑하는 내용이었다. 학습 결과물은 주로 독립 역사와 관련된 내용 그리고 자기 반이 특별히 잘하는 과목을 선택해 홍보했다.

6학년 C반은 수학에 자신 있는 반이라 주사위를 던져 수학 문제 번호를 맞춰 하나하나 풀어 나가는 프로그램을 마련했다. 문제를 맞히면 그 문제 뒤에 독립과 관련 있는 인물 사진을 보여주고 누구인지 맞추면 일정 선물을 주는 내용이었다. 참신한 내용이다.

그 외 아이들이 그동안 잘 정리한 공책을 보여주는 전시, 수학 도형을 입체화해 전시하는 내용, 과학 만들기 키트를 활용한 움직이는 자동차 로봇을 선보이는 결과물은 우리나라 수준 정도였다. 아무래도 저학년 학반들 전시물 장소에 사람들이 많이 몰렸다. 간단한 작품을 만들어 전시를 하고 간단한 내용을 아이들이 직접 설명을 하니 부모님들이 모여들기 마련이다.

오늘 한 학기를 마무리하는 학예발표와 학습 결과물 전시회는 비록 열악한 교육 여건 속에서도 순수하게 배우고 익힌 학습 결과물을 발표하고 전시함으로써 교육의 힘이 얼마나 아름다운지를 보여주는 시간이었다. 여기 페루, 지금은 부족한 교육 투자로 앞길이 조금은 멀어 보여도 언젠가는 밝은 햇살이 환하게 빛나는 교육 강국이 되는 날이 확실히 올 것을 믿어 의심하지 않는다.

필자는 비록 이 학교 정규 지도 교사는 아니지만 여기 아이들이 사랑스럽고 또 KOICA의 위상이 걸려 있는 진정한 봉사자의 교사라는 점에서 일과 시작부터 끝날 때까지 더불어서 함께했다. 아이들이 사진 찍자고 소리치면 기꺼이 등을 얼싸안고 같이 사진을 찍어 주고 우리 반이 최고라고 자랑하면 '암 그렇고 말고, 정말 훌륭하다'고 칭찬을 해주고 이름 모를 학부모님을 만나서 간단한 내 소개를 하면서 '이 학교에서 한국 KOICA 봉사자 교사로 수학을 가르치는 카를로스'라고 하면서 아이들이 영리해 분명 잘할 수 있을 거라고 칭찬의 말을 아끼지 않았다.

학부모 회장님께도 인사를 드리고 앞으로 힘을 합해 이 학교가 더 좋은 여건으로 아이들의 학력이 더 올라가도록 노력하자고 다짐을 했다. 분명 할 수 있을 것 같다. 나도 이젠 제법 말문이 잘 트여 말이 제법 술술 잘 나온다. 나도 모르게 어휘력이 높아졌다. 모든 것을 긍정의 힘으로 행하면 좋은 결과가 나올 것으로 믿는다.

▶ 우리 바이올린 연주해요.

이런 음악 공부는 처음이에요

필자가 소속되어 있는 아레키파 시골 초등학교 '알로한드로 산체스 아르테가'는 전교생이 160여 명으로 말 그대로 소규모 시골 학교이다. 그런데 우리가 흔히 생각하는 그런 시골 학교와는 차원이 좀 다르다. 이 학교의 '마틸데'라는 여자 교장 선생님이 농촌 아이들에 맞는 맞춤형 교육을 잘 접목시켜 여기 아이들의 교육환경과 학교 분위기는 여느 학교와는 확실히 달랐다.

교장 선생님은 학생들의 기초와 기본 교육을 학교 경영에 기저로 두고 철저하게 가르치고 있다. 그러기에 아이들이 학교에 등교하면 스스로 휴지를 줍고 자기 물건을 잘 정리하는 등 여느 한국 초등학교 학생들 같다. 필자가 남편이 봉사하는 학교를 방문한 적이 있는데 그 학교와 비교를 하면 우리 학교는 교육 내용이 확실히 선진화된 학교 같았다. 이는 학교장의 학교 경영철학과 소신이 학교 교육에 미치는 영향을 대변해주고 있는 것이다.

지난 6월 말에 이 땅에 발을 디딘 후 부부 함께 KOICA 사랑을 실천하기 위해 지금 봉사하고 있는 학교에 배정을 받아서 지난 7월 한 달 동안 아이들의 음악 수준과 준비물 정도를 살폈다. 그러면서 아이들과 친해지는 기회를 만들어 눈높이를 맞추었다.

여기 학교는 예체능 교과 교육과정이 별도로 없다. 학교장 재량에 따라 편성하면 된다. 우리처럼 미술, 음악, 체육, 실과 이런 교육과정 교과서가 아예 없다. 학교에서 처음에는 미술과 음악 지도를 부탁했는데 두 과목을 가르치는 것은 아무래도 효과적이지 않을 것 같아 음악 한 과목을 지도하기로 했다. 학교에서는 아이들 정서 함양에 음악 교과가 더 낫다는 판단을 한 모양이다. 악기를 통한 지도를 부탁했다.

필자가 현직에 있을 때 다양한 음악 리듬 합주 지도를 해본 경험이 있어 여기 수준을 고려하여 지도하면 가능할 것으로 믿어 오늘 수업을 시작했다. 아직 우리 KOICA에서 학습 지도 물품 구입 예산이 배정되지 않아 학습 자료 구입이 원활하지 않는 바람에 지도에 다소 불편함이 있었다. 그러나 필자가 한국에서 리코더, 탬버린 등 약간의 자료를 미리 가져오는 바람에 돌려가면서 지도하여 그리 큰 불편은 없었다.

오늘 음악 수업을 4시간이나 했다. 3학년 A반 2시간, 3학년 B반 2시간이다. 음악 수업도 이어서 한 2시간 정도 해야 제법 진도가 나가고 재미가 붙는다. 오늘 지도 목표는 리코더 계이름 익혀 불기 및 탬버린 박자에 맞춰 치기 그 외 캐스터네츠 치기, 트라이앵글 치기 등 아주 기본적인 내용이다. 이 동네도 리코더가 있기는 해도 제대로 지도를 받으며 불어 보기는 이번이 처음이다. 아이들에게 우선 8계명을 가르쳤다. 계명이라는 개념 자체를 잘 모른다. 그래도 제법 잘 따라온다. 이 동네는 우리처럼 악보가 없다. 소리를 듣고 따라 부르는 것이 전부이다. 각종 악기를 다루어 본 경험도 거의 없다. 그러기에 모든 악기를 접하면서 모두가 신기해 한다.

계명에 따른 운지법을 천천히 가르치니 아이들이 제법 잘 따라온다. 너무 신기해한다. 특히 낮은 도 저음 내기가 무척 힘드는 모양이다. 첫 술에 배가 부를 수는 없지. 반복과 그리고 칭찬이 따르자 제법 소리를 잘 낸다. 백지같이 깨끗한 머리를 가진 아이들에게는 잘만 먹여 주면 얼마든지 잘 받아먹고 소화를 해내는 것이 교육 원리이다. 아이들 입가에 웃음이 번지고 "선생님 참 재미있어요. 자주해요"라는 말이 들린다.

오늘 지도하면서 다넹, 후안, 마리아 이런 아이들이 음악성이 제법 뛰어나다는 것을 금세 발견했다. 처음 접한 리코더 불기인데도 금세 음을 외운다. 우리가 흔히 말하는 제법 음감이 있는 것 같았다. 예술 분야는 천성적으로 타고나는 재능이 있다. 이런 잠재력이 있는 아이를 일찍 발견하는 것이 내가 이 학교에서 음악을 가르치는 한 목적이다. 또 음악은 재미있는 과목이라는 것을 심어 주는 것도 나의 임무다.

리코더 기본 운지법 지도 후에 박자에 맞춰 탬버린 흔들기와 박자 치기를 지도했다. 이것 또한 처음 접하는 음악 공부라 모두가 신기해한다. 가르치는 선생님이나 배우는 아이들이나 모두가 눈이 맞고 마음이 통해 시간이 금세 흘러갔다. "선생님 너무 재미있어요. 어서 리코더, 탬버린 많이 사와요. 다 같이 하고 싶어요." 이런 요구가 터져 나온다.

아이들 잠재력을 발견해 이를 잘 다듬고 가르치다 보면 세계적인 예술인이 태어나는 것 세상 원리이다. 이 땅에 KOICA 시니어 단원으로 보냄을 받은 우리 부부는 정말 약 35년간 한국 땅에서 아이들을 가르친 넓고 깊은 경험을 이 땅에서 정말 나누고, 섬기고 그리고 감사하는 마음으로 실천하려고 한다. 비록 가난한 농촌 지역이지만 아이들 한 명 한 명이 얼마나 소중한 생명인지 모른다. 정말 내 자식을 가르친다는 철저한 신념으로 봉사해 보리라 다짐해 본다.

▶ 우리 큰북 치는 것 처음 배워요

▶ 트라이앵글은 이렇게 쳐요

▶ 리코더는 이렇게 불어요

▶ 우리 핸드벨도 배워요

갈수록 재미있는 음악 수업

이 땅에 와서 아이들과 더불어 교육 사랑의 정을 나누면서 이 아이들이 무슨 죄로 이렇게 좋아하는 음악 교육을 제대로 받아보지 못하는가 하는 안타까운 마음이 앞선다. 나라가 가난하면 마음에 뻔히 있는 교육도 시키기 어려운 것이 현실이다. 되돌아보면 필자가 60년대 중반 초등학교에 다닐 때 생각해 보면 지금 페루 학교에서 이만큼 교육 혜택을 받는 것도 필자보다는 행복한 아이들이다.

당시 제대로 된 음악 교과서가 없었으며 리듬악기나 가락악기가 무엇인지도 몰랐다. 선생님이 노래를 불러 주면 따라 부르는 정도가 전부였다. 한 오륙 학년쯤 되었을 때 풍금이라는 악기가 들어와 계이름을 제대로 따라 불렀던 기억이 생생하다. 리코더, 멜로디언 같은 가락악기는 구경도 못했다. 리듬 합주라는 말 자체도 몰랐다. 이런 경험을 가진 필자가 아이들에게 당시를 떠올리며 음악 교육을 시작했는데 바로 내 모습을 보는 것 같아서 더 애틋하게 정이 갔다.

여기 아이들의 경우 음악 교과서가 있나, 계이름을 아나, 악기를 접해 본 적이 있나, 모든 것이 밑바닥에서 시작해야 하는 교육이라 고민도 많이 되었다. 조용히 가슴에 손을 얹고 내가 이 땅에 온 것이 바로 이 아이들에게 새로운 희망과 더 넓은 세계로 눈을 뜨게 해주자는 봉사의 핵심인 나눔과 섬김을 하기 위해서라는 것을 되뇌게 되었다. 마음이 평안해지고 가르칠 수 있겠다는 자신감이 생겼다.

일전에 우리 KOICA에서 배정해준 현지교육활동비로 아이들 수만큼 각종 악기를 샀다. 한 팀을 만들어 리듬 합주를 얼마든지 할 수 있는 악기들이다. 오늘은 일전에 산 리코더와 필자가 한국에서 가져온 리코더 총 32개를 가지고 아이들을 지도했다.

며칠 전에는 6개로 돌려가면서 지도를 하는 바람에 진도가 나가지 않았는데 오늘은 아이들 한 명당 하나가 돌아가 지도하는 데 영 편했다. 모두가 자기 것을 가진 기쁨에 아이들 입가에 웃음이 배시시 번지고 눈빛이 달라졌다. '나도 할 수 있어요. 어서 많이 배우고 싶어요.' 이런 모습을 엿볼 수 있었다.

기본이 되는 계이름은 여기 말로 번역해 가르치는데 아이들과 소통하는 데 여간 힘이 들지 않았다. 그래도 아이들의 손가락 놀림이 유연해 고만고만하게 잘 따라왔다. 서너 시간 지나니 8계명을 잘 외워 분다. 계이름이야 만국 통상 음이라 발음상 차이는 약간 있어도 음정은 제대로 맞다. 문제는 악보를 제대로 읽을 수 없어 여기서 힘이 부친다.

한국 초등학교 3학년 음악 교과서에 있는 〈큰북을 울려라〉 노래 악보를 기본으로 해서 악보 공부를 같이 한다. 처음엔 당연히 힘들었지만 욕심을 내지 않고 천천히 지도하니 제법 잘 이해를 한다. 이 아이들에게는 4분 음표, 8분 음표, 쉼표 등은 그야말로 미지의 세계로의 여행 같은 음악 공부이다. 이런 생소한 공부를 하니 아이들이 얼마나 신기해하겠나? 또 재미나겠나? 또 자기 소유 같은 악기가 있으니 얼마나 만족해하겠나?

한국 악보로도 배워요

우리 악보로 공부하는 것 처음이에요

실로폰으로 계이름을 익히며

우리 리코더 배우기도 처음이에요

오늘 리코더 수업을 끝내고 아이들에게 리코더를 거두지 않고 집으로 가져가서 오늘 배운 내용을 열심히 복습해서 오라고 했다. 교실이 떠나갈 같은 기쁨의 함성 소리로 가득했다. 아이들이 집으로 가져가 가족들과 함께 리코더를 불면서 '우리 학교에 한국에서 온 로사 선생님이 우리들에게 음악을 정말 재미나게 잘 가르쳐 줘요' 하면서 자랑도 하지 않겠나? 그것보다는 이런 계기가 바로 한국 KOICA의 위상을 한껏 높여주지 않겠나?

아직은 걸음마 단계이지만 아이들 마음을 더 심도 있게 파악해 수준에 맞는 맞춤형 음악 지도를 해볼 참이다. 아이들이 시간이 흐르면서 음을 듣기만 해도 손가락이 저절로 움직여 리코더를 불고 자기도 모르게 박자를 척척 맞춰가며 탬버린을 흔들고 트라이앵글을 치는 그날이 곧 올 것으로 믿는다.

막대그래프 공부 처음이에요

일주일에 이곳 수학 교과서의 공통 주제를 하나 택해 가르친다. 특히 학습 자료가 꼭 있어야 지도할 수 있는 내용을 선택해 가르친다. 지난주는 사오 학년은 각도 재기와 각도 그리기 6학년은 한 각과 양변이 주어진 삼각형 그리기를 지도했다. 모두가 재미있어 하는 수업이었다. 여기 필요한 자료 문제지는 복사하고 각도기는 한 반이 충분히 사용할 수 있는 수만큼 준비해서 지도를 했다. 교실이 무척 조용하다. 공부에 혼이 빠져 그렇다. 이게 계속 이어지면 과학자도 나오고 수학자도 나온다.

이번 주는 4, 5, 6년 수학 교과서에 공통으로 나오는 표를 보고 막대그래프 그리기 지도를 했다. 자료로 우선 그래프를 그릴 모눈종이 그래프에 적용할 표, 이를테면 한 반 중에 좋아하는 과목 빈도를 나타내는 표와 각종 과일 개수를 나타내는 표 2개를 준비했다. 그리고 막대를 그릴 2십 센티미터 자 막대를 그린 후에 색을 칠할 색연필 세트를 준비해서 수업을 진행했다.

어느 아이도 자료가 없어서 소외되는 경우는 없다. 모두가 내 것처럼 자료를 활용해 표를 보고 나름대로 막대를 그린다. 모눈종이 한 칸을 얼마로 할 것인가 하는 부분은 서로 의논해서 정하라고 했다. 좋아하는 과목 빈도 그래프는 한 칸을 1로 하면 제일 적당하다. 그런데 어떤 아이들은 한 칸을 2로 해 그래프가 작아져 버렸다. 또 어떤 아이는 모눈종이 한 칸을 2로 잡아 커져 버렸다. 그래도 그래프를 그리는 원리 하나는 터득했다. 일종의 시행착오이다. 이런 착오를 거친 아이들은 다음에 급간 정하는 데 자신감이 붙겠다.

두 번째 표의 빈도는 높다. 사과가 60개, 오렌지가 45개 등등. 여기 모눈종이 크기에 적당한 급간은 얼마로 하면 좋을까? 하는 질문에 모두가 헤맨다. 한 아이가 5로 하자는 제안이 나왔다. 제일 밑에 0을 기준해서 5씩 올라가니 제일 위쪽이 70까지 나온다. 표에 나오는 제일 큰 수가 60이니 적당한 크기의 그래프이다. 아이들마다 막대 두께는 제각각이다. 두 칸을 잡아서 하거나 세 칸 잡아 통통하게 하거나 한 칸만 잡아 빼빼하게 그리거나 아이들의 취향이 다르니 다 맞는 그래프이다. 다 그린 학생들의 그래프용지에 필자 사인으로 마무리되었음을 표시해 주었다.

우리 아이들이 정성으로 공부한 내용을 차근차근 모아두라고 했다. 이 동네 아이들이 한국 아이들에 비해 잘하는 것 몇 가지 중 하나가 공책 정리를 끝내주게 잘한다. 그것도 색깔을 넣어 가며. 또 학습 결과물을 절대로 버리지 않고 개인 홀더에 차근차근 잘 모은다. 그리고 가정통신용 알림장 정리도 참 잘한다.

두어 달 아이들과 함께하면서 아직까지 아이들끼리 싸움하는 모습을 본 적이 없다. 열 개 학급에 들어가 가르치니 자세히 알지 못하지만 왕따 같은 모습은 전혀 발견하지 못했다. 또 선생님의 말씀에 절대 복종하는 편이다. 농촌 아이들이라 아직 현대 물질문명에 전혀 때가 묻지 않았다는 말이 맞겠다. 그 흔한 인터넷은 꿈도 못 꾼다. 전교생 중에 개인 휴대폰을 가진 아이를 본 적이 없다. 그러니 마음이 여유 있고 넓을 수밖에 없다. 공부보다는 자연 그대로의 인성 하나는 참 곱다고 생각된다.

▶ 처음으로 막대 그래프를 그려 보며

▶ 자기가 그린 그래프를 들고 좋아하며

인터넷으로 하는 음악 공부 너무 재미나요

부부함께 KOICA 사랑을 실천하기 위해 페루 아레키파에 와서 마음에 와 닿는 감동들이 한두 가지가 아니다. 필자의 경우 교장 선생님이 학습 지도에 필요한 환경을 얼마나 잘 배려해주는지 감격 그 자체이다. 학습 시간표도 제일 좋은 시간대에 배려해 주고 또 학교 교무 도우미가 필자가 부족한 부분을 최대한 도와주도록 지시를 해놓는 등 정말 황송한 마음이 절로 든다.

교육 봉사 처음에는 학생들이 음악 수업을 거의 접해보지 않은 상태에서 리듬과 음을 지도하기란 무척 힘이 드는 게 사실이다. 수업 중 사용해야하는 스페인어 구사 능력도 아무래도 부족하다. 나름대로 교수 학습 용어를 미리 공부해서 지도는 하지만 여러 가지 변수들이 많아 지도하는 데 역부족인 게 사실이다.

그런데 이번에 교장 선생님이 활용 빈도가 낮은 컴퓨터실을 음악 학습 지도 교실로 배려해 주는 바람에 얼마나 감사했는지 모른다. 이 나라의 학교 교실에서 인터넷을 사용할 수 있는 경우는 거의 불가능하다. 그런데 마침 컴퓨터실에 인터넷 연결이 잘 되어 있어 이를 십분 활용해서 음악 학습 지도를 할 수 있어 얼마나 힘이 되는지 모른다.

필자가 이곳으로 오면서 동료 교사로부터 아이스크림이라는 교과 지도 인터넷 아이디 2개를 구해 왔다. 이 아이디로 교과 학습 지도에 들어가 음악 교과에서 필요한 자료 화면을 띄워 공부를 하니 학습 효과가 몇 배 더해지는 것 같다. 설명이야 한글로 하지만 리듬이나 악기를 다루는 동작은 영상으로 얼마든지 보고 따라할 수 있으니 얼마나 좋은지 이루 말할 수 없을 정도이다. 감동이고 감격이다.

또 하나 다행인 것은 이 아이스크림 아이디로 두 선생님이 동시에 사용할 수 없는 것이 특징인데 페루와 한국은 정반대 시간대이므로 충돌이 전혀 생기지 않는 것도 참 감사한 일이다. 필자가 한국에서 아이들을 지도할 때도 아이스크림 자료가 얼마나 좋은지를 알고 있기에 이 땅에서도 사용할 수 있다는 것은 우리 대한민국 교육 저변이 얼마나 대단한지를 보여주는 것이다. 화면으로 나오는 영상을 보고 같이 수업하는 아이들은 별천지에서 공부하는 것처럼 좋아한다. 얼마나 신기하겠는가? 이 영상을 보고 아이들이 무슨 생각을 하겠나? '와 코레아 엑셀런테.' 이렇게 생각하지 않겠나?

인터넷 교과로 통한 음악 학습 지도는 그야말로 최상의 학습 효과를 올릴 수 있다. 정확한 음을 몇 번이고 따라 부를 수 있고, 각종 악기들의 사용법을 정확히 그것도 몇 번이고 반복할 수 있어 학습 효과 면에서 최상이다. 동영상 자료들의 질은 최상이다. 그 구성도 학생들 흥미를 끌기에 충분하도록 만들어져 있다. 이만한 자료를 어디서 구하겠나?

며칠 전부터 인터넷을 통한 음악 공부를 아이들과 같이 하면서 이 땅에 참 잘 왔구나 하는 생각이 절로 들었다. 2년 공식 임기를 한참 더 늘려주어도 얼마든지 가르칠 자신이 생기는 것 같았다.

음악 교과에 생소한 아이들이 불과 한 달 남짓 같이 공부하면서 음악 공부를 얼마나 좋아하는지 오히려 다른 교과가 소홀해지는 것 같아 사뭇 걱정이 된다. 음악 시간만 되면 아이들이 내 손을 잡고 '프로페소라 로샤, 무시카 에스투디아르 무이 디베르티도' 하고 난리다. 음악 공부 재미있다고…

지난 6월 말 이 땅에 첫발을 내디딜 때 두렵고 떨렸던 걱정의 먹구름이 이젠 물러나고 밝은 햇살이 내게 밀려오는 듯 아이들과 더불어 재미나고 즐겁기 그지없다. 갈수록 아이들이 사랑스러워져 부부함께 KOICA 사랑 봉사 선택을 참 잘했다고 스스로 되뇌어 본다.

▶ 음악 공부에 같이 참석한 교장 선생님

▶ 리코더 불기 계명을 가르치며

탱그램으로 도형 수업 참 신기하네요

이 땅에 와서 아이들과 더불어 생활한 지가 한 석 달째 되면서 제법 현지화되어 가는 느낌이다. 여기 아레키파 시내 지리가 머릿속에 확연히 그려지고 이곳 생필품 물가도 계산이 잘 되고 버스 색깔을 보면 어느 방향으로 가는지 읽을 수 있다. 그렇게 어렵게만 느껴졌던 현지어도 귀에 제법 잘 들리고 입에서 현지말도 저절로 잘 나온다. 특히 학생들을 지도하는 수업 용어도 많이 익숙해졌다.

수업에 들어가면 '부에노스 디아서, 토도스?' 현지어로 아침 인사를 하고 이어서 한국말로 '여러분 안녕하세요?' 하고 인사를 건넨다. 아이들에게 우리 말 인사를 몇 마디 가르쳐주니 무척 좋아한다. 수업을 끝내고 나올 때 '감사합니다. 안녕' 하는 인사도 아이들이 잘 알아듣고 조금 더 보태 '카를로스, 선생님 감사합니다'라고 인사를 건넨다. 내년 일이 월 여름방학 때 6학년 중 지원자를 모아 특별반을 한 반 편성해 한글을 가르칠 요량이다. 벌써부터 몇몇 아이들이 조른다.

지난 주간엔 탱그램(칠교, 7개 도형 조각으로 이루어진 놀이판)으로 각종 도형 만들기와 창의적인 형상 만들기 수업을 했다. 여기 수학 교과서를 살펴보니 4학년부터 6학년 수학 교과서 모두에 칠교판으로 도형 만들기 내용이 나와 있어 수업은 학년에 다소 수준 차를 두고 지도를 했다.

이 수업을 하기 위해서 탱그램 자료가 필수적이다. 마침 우리 KOICA에서 지원해준 현장활동비 중에서 일부를 배려해 총 48개 칠교판을 구입했다. 소매가 하나에 6솔(2천 4백 원)인데 도매상에서 그 반값으로 샀다. 사실 이 동네에서 이만한 자료를 아이들이 자체로 구입하기란 불가능하다. 그렇다고 학교에서 예산이 풍부해 자료를 사서 학교에 비치할 가능성은 더 낮다. 학교에 복사기 한 대 없는 처지에 가능하겠나? 좀 더 여유있게 산 것은 지도를 하다 보면 자연스럽게 분실되는 경우를 감안해서 샀다.

이 자료를 활용하기 위해선 교과서에 나오는 도형 모형을 모두 복사를 해서 내어 주고 '자 먼저 직사각형을 만들어 보세요.' 이렇게 수업이 진행된다. 생전 처음 만지는 칠교판이라 아이들이 그저 신기하기만 한지 도형 맞추기를 참 어려워한다. 직육면체를 한참 설명하고 어느 학생이 하나 만들면 아이들을 불러서 모방해서 만들라고 한다. 7개 조각을 앞뒤로 돌려가면서 또 생각을 하면서 조합을 해야 한다. 도형 만들기 순서는 직사각형, 삼각형, 평행사변형, 2등변 사다리꼴, 마름모, 이 5개 도형 만들기가 끝나면 좀 수준을 높여 배, 오리, 고양이 모형 만들기를 했다.

문제는 아이들이 그저 신기해하는데 생각을 깊이 해 창의적으로 만들려는 의욕이 부족하다. 한 아이가 만들면 우르르 몰려가 모방해서 만드는 것은 잘한다. 제일 어려워하는 도형 만들기가 삼각형이다. 삼각형만 만들어지면 평행사변형과 사다리꼴은 큰 삼각형 조각 하나면 앞뒤로 움직이면 2개의 도형이 쉽게 만들어진다.

아이들이 스스로 도형을 만든 후에는 큰 발명이나 한 듯이 함성을 지르고 필자 손을 끈다. 7개 조각을 움직여 도형 하나를 창의적으로 만드는 것이 결코 쉽지는 않다. 가정이나 학교에서 이런 놀이를 좀 봤으면 적응력이 훨씬 빠르겠는데 난생처음 접하는 놀이라 어려워하는 것이 당연하다. 수학은 창의적인 교과이다. 계산해서 답만 쏙쏙 맞추는 교과가 아니다. 생각과 계산이 함께 움직이면서 새로운 결과물을 도출해 내는 것이 수학이다.

한 주 동안 10개 반을 순회하면서 학급 차가 많이 난다는 것을 느꼈다. 당연하다. 필자 수업에 담임이 함께 동참해 필자 설명의 부족한 부분을 더 자세히 설명해 주고 아이들을 격려해 주는 반에서 학습 진도와 수업 효과가 무척 높게 나타났다. 그 대표적인 반이 5학년 1반과 6학년 3반이다. 이 두 반 담임은 필자의 절친한 팬이다. 자료가 부족해 지도하지 못하는 부분을 필자가 주제를 선정해 지도해 주니 얼마나 고마워하는지? 내심 이런 관심 있는 선생님들이 많아야 교육의 미래가 밝은 것이다.

오리 모형 만들기는 생각을 무척 많이 요구하는 수업이다. 열 개 반 중에 오리 모형을 제대로 만든 반은 6학년 3반뿐이었다. 이 반 담임선생님의 수학 지도 능력이 무척 참신했다. 아이들에게 늘 기회를 많이 제공하는 창의적이고 칭찬을 아끼지 않는 선생님이었다.

생전 해보지 못했던 탱그램으로 활용한 도형 만들기 수업, 아이들이 정말 미치도록 재미나하고 신기해하는 모습을 보며 부부함께 KOICA 사랑 실천을 위해 이 땅에 참 잘 왔다고 스스로 위로했다. 간혹 KOICA 봉사자로 와서 현지 눈칫밥을 먹는 경우도 없지 않아 있다. 그러나 우리 부부는 열악한 교육 환경에 처한 시골 초등학교에서 한없이 많은 사랑을 받으며 아이들과 더불어 생활하고 있다. 아침 등교 때 아이들이 필자의 손을 서로 잡아 보려고 다투는 모습을 보면 나도 모르게 가슴이 찡해 온다. 이 땅에 첫발을 내디딜 때 생각했던 첫사랑 각오를 절대 망각하지 말아야겠다고 다시 다짐해 본다.

▶ 선생님 우리 삼각형 만들었어요.

▶ 친구야 나 벌써 완성했어.

눈물 섞인 KOICA 희망 장학금 너무 감사해요

이 땅에 와 봉사하면서 날이면 날마다 감격하는 순간들이 많다. 아침 7시 반쯤 학교에 도착하면 먼저 온 아이들이 달려와 내손을 꼭 잡으며 '프로페소라 로사 코모 에스타스'하고 해맑은 웃음과 함께 인사를 건넨다. 이 웃음과 함께 던진 인사가 내 가슴에 아침 햇살처럼 따뜻하게 와 닿는다. 그러면서 오늘도 이 아이들에게 희망을 심어 주어야지 하는 다짐을 해본다.

'나눔과 섬김' 실천을 목표로 하는 한국해외봉사단원연합회(KOVA)에서 제15회(2013년 하반기) KOVA 희망 장학 사업을 실시한다는 공문을 지난 8월 초에 받았다. 지구의 반대편 남미 페루 제2의 도시 아레키파에서 예순 넘긴 부부함께 KOICA 사랑을 실천하고 있는 우리 내외는 공식적으로 장학생을 추천하고 혹시 서류 미비로 학생 자격 미달로 선발되지 않으면 어떡하지 하는 걱정이 솔직히 있었다.

그런데 약 3주 전 코바로부터 우리 내외가 추천한 아이들이 최종 장학생으로 추천되었다는 연락을 받고 얼마나 기뻤는지 모른다. 그것도 페루 단원들 중에 유일하게 우리 부부가 추천한 학생 둘만 선발되었다. 그래 그 기쁨이 배로 컸다. 장학금은 이미 필자 통장에 100불 상당이 원화로 입금되었다. 문제는 장학증서가 와야 전달식을 할 수 있는데 마침 이곳 아레키파 태권도 신임 봉사 단원으로 부임한 박현수 선생님 편으로 지난 10월 2일에 도착했다.

필자가 봉사하는 알레한드로 산체스 아르테카 초등학교에서는 교사회의 끝에 5학년 'Melendez Zela Chritofer Anibal'라는 아이가 최종 선정되었다. 이 아이는 부모님이 모두 계시지 않는다. 3명의 동생과 함께 동네 시립 고아원에서 생활하고 있다. 아버지는 알코올 중독으로 생사를 알 길이 없고 어머니는 네 자녀를 출산한 후 가출한 후 다시는 연락이 없다. 그래서 어려서부터 고아원 생활을 하면서도 어려운 처지를 극복하고 동생들을 잘 돌보며 학교 생활에 매우 충실히 임하고 있어 만장일치로 선발되었다. 참 잘한 선택이었다. 아이 인성도 무척 밝다.

이 아이가 우리 코바 최종 장학생으로 100불에 상당하는 장학금을 받는다고 생각해 보라. 얼마나 감격하겠나? 대한민국이 다른 나라의 불우한 학생들에게 꿈과 용기를 심어 주는 사업을 하는 것에 대해 얼마나 감사하며 감동을 받겠나? 여기 물가로 100불은 무척 큰돈이다. 더욱이 아이들 입장에서 보면 이 장학금이 영원히 잊히지 않은 금액으로 남을 것이다. 돈 이전에 아이에게 희망과 용기를 준 코바에 얼마나 감사하겠나? 더욱이 소녀가장으로 고달픈 삶을 헤쳐 나가는 아이에게.

그렇게 손꼽아 기다리던 장학금 전달식이 오늘 10월 6일(일) 우리 학교 개교기념일 행사 시 전교생 그리고 전 교직원 많은 학부모님들이 참석한 가운데 거행되었다. 필자는 전날 아나벨에게 줄 장학금 이외에 선물을 약간 준비했다. 약간의 공책, 색연필세트 등을 예쁘게 싸서 KOICA 깃발과 함께 전달했다. 아이가 장학증서를 받고 감격하는 모습을 보며 필자도 얼마나 기뻤는지 모른다. '저 아이가 잘 자라 훗날 꼭 이 나라에서 쓰임 받는 사람이 되어야지' 하는 생각을 해보았다.

오늘 뜻깊은 장학증서 전달식은 그야말로 눈물 섞인 전달식이었다. 부모님이 계셨더라면 얼마나 좋아하겠는가? 아나벨은 그래도 굳굳하게 장학금을 받고는 한국 KOICA에 감사하다는 인사를 한다. 마치 내 손자가 장한 장학금을 받는 것같이 감격적이었다.

전달식 후에 아나벨은 필자 손을 꼭 잡고 몇 번이고 감사하다고 인사를 건넨다. 삶이 고달파 잡은 손이 무척 거칠었다. 그러나 그가 내게 던진 말 "로사 선생님, 너무 감사해요. 열심히 공부할게요. KOICA 은혜 잊지 않을게요." 필자도 너무 감격스럽고 자랑스러웠다. 이 광경을 접하는 순간 얼마나 감동이 되었는지 가슴이 막 달아오르고 눈에 눈물까지 핑 돌았다. 예순 넘긴 부부함께 KOICA 사랑 나눔과 섬김의 봉사 날마다 감

▶ 코바 장학금을 받아든 실비아 어린이

▶ 아침 조회 때 장학금을 전달하며

사하며 더 낮은 자세로 이 아이를 사랑해야 되겠다는 마음을 다잡아 먹었다.

'아나벨아, 네가 오늘 받은 장학금 정말로 축하해. 비록 장학금 액수는 큰 것이 아니지만 우리 대한민국 코바가 너에게 희망을 주기 위해 수여하는 거란다. 부모님이 계시지 않은 중에서도 동생들을 잘 돌보는 것 힘든 줄 내가 안단다. 여기 로사 대한민국 음악 선생이 아나벨을 늘 응원하마. 힘들고 어려워도 네 꿈은 포기하면 안 돼. 알았지? 언제 시간이 나면 우리 내외가 네가 생활하고 있는 보육원을 꼭 한번 찾아갈게. 한 번 더 축하한단다. 아나벨 사랑해. 안녕.'

6학년 졸업 수학여행 안타까운 사연

지난주 6학년 2반 수학 시간에 아이들을 가르치기 위해 교실에 가니 교실이 텅텅 비었다. 옆 반에 알아보니 '알 비하에(수학여행)'하였단다. 하기야 학교 전체 흐름을 내가 알 수 있으면 좋겠는데 아무래도 자원 봉사자 교사인 필자에게는 정보가 역부족이다.

이래저래 옆 반 선생님과 이야기가 오가다가 6학년 2반은 잉카의 혼이 살아 숨 쉬는 쿠스코 쪽으로 갔단다. 미리 알았으면 아이들 하고 같이 갔으면 금상첨화인데? 이야기가 이어지면서 나머지 세 반이 아직 안 갔단다. 1반, 3반, 4반은 11월 말 주로 26~28일경 다 출발한단다. 대체로 다음 주중에.

모두가 2박3일 일정이다. 한 반 평균 3십여 명 아이들 중 절반 조금 넘는 아이들만 참석을 한단다. 요금은 약간 차이가 있는데 250솔~400솔(우리 돈으로 10만 원에서 15만 원) 정도이다. 가정 형편이 어려운 아이들은 꿈도 못 꾸겠다. 우리처럼 차를 대절해서 가는 것이 아니라 순전히 대중교통을 이용해 간다.

필자는 3반이 푸노 티티카카 호수 그리고 페루 최남단 도시 타크나와 모게구와 쪽으로 가는데 합류하기로 미리 예약을 해놓았다. 쿠스코 쪽은 언제든지 갈 수 있지만 지방 소도시 유적은 이럴 때 합류하지 않으면 기회 잡기가 무척 어렵다. 그래 지금부터 푸노 티티카카 호수 및 타크나 쪽 정보를 입수해 미리 공부를 좀 해놓을 참이다. 1반은 마추피추의 본고장 쿠스코를 간단다. 맘에 들어 합류하려고 하니 이미 신청이 끝났단다. 4반 여행 코스가 무척 마음에 들었다. 푸노 티티카카 호수를 탐방한 뒤 콜까 계곡 콘도르를 감상하는 코스이다. 제일 마음에 든 코스이지만 포기를 한 것은 한 3주 전 콜까 트래킹을 통해 그 진수를 봤고 아내 학교가 푸노 티티카카 호수로 가는데 합류하기로 했기 때문이다.

푸노 티티카카 호수는 아내가 봉사하는 학교 6학년들이 21~23일 2박3일로 여행을 간다. 아내 학교 여행 일정에 같이 합류해도 되느냐 했더니 그쪽 교장 선생님이 환영이란다. 그래 최근에 내 사전에 없던 지구상에서 제일 높은 곳에 위치한 티티카카 호수(해발 약 3,800m) 자연 탐방 여행을 하게 되는 셈이다. 그래 6학년 4반 코스를 선택하지 못하게 되었다.

참 안타까운 것은 가정 형편이 어려워 여행에 참여하지 못하는 아이들을 배려해주어야 하겠는데 이곳 사정이 거기까지는 미치지 못하고 있다. 오늘 6학년 3반 수업 시간에 다음 주 여행 가는 학생 손을 들어 보라 했더니 손을 못 드는 아이들 얼굴이 그만 일그러졌다. 괜히 물었나 하는 자책감이 밀려왔다. 못 가는 아이들 마음이 얼마나 아프겠나? 필자도 유년 시절 가난 때문에 중학교 수학여행을 못 간 아픈 경험이 있기에 누구보다도 그 마음을 잘 알고 있다.

이 나라 교사, 공무원 월 평균 임금이 50~70만 원 정도 되는데 자녀 수학여행비 약 10만 원에 잡비 약간을 합해 덜렁 내기가 그리 쉽지만은 않겠다. 그래 40~60퍼센트 학생이 눈물을 흘려야 하겠다.

필자가 아직은 따라가 보지 않아 더 자세한 상황은 모르지만 못 가는 아이들의 아픔을 따뜻한 말 한마디라도 전해 주어야겠다. 6학년 3반 푸노, 타크나 여행은 29명 중 16명만 참가한단다. 절반 조금 넘는다. 이유는 300솔(약 12만 원)란 거금의 여행 경비가 발목을 잡은 것이다. 누가 우리 돈 2백여 만 원만 희사를 해준다면 못 가는 아이 13명 모두를 다 데리고 가겠는데.

▶ 안데스 고원 한 호수를 배경으로

▶ 나홀 길 수학 여행길에 오르며

우리나라는 수학여행에 관한한 백 퍼센트 참가에 지방자치단체에서 경비를 대부분 지원해 주니 얼마나 행복한 아이들인가? 그래도 불평하는 학부모와 학생이 있을까? 그것도 최고급 버스와 숙식을 누리는데… 페루에도 어서 아이들이 아이들답게 대접받고 사는 날이 속히 왔으면 하는 바람이다.

▶ 티티카카 호수에서 즐거운 한때

▶ 태평양 해안 모래 밭에서

첫 '디아 델 로그로(Dia del logro)' 음악 발표회의 감격

이 땅에서 8개월째 살면서 현지 문화에 흠뻑 젖어든 것 같아 마음에 한결 여유가 생겼다. KOICA 훈련 중 현지 언어 및 문화 적응 훈련을 받을 때는 과연 예순 넘긴 나 같은 시니어가 언어, 체력 적응 등 바로 현실과 부딪히는 일을 잘 해낼 수 있을까 하는 걱정이 앞을 태산처럼 가로막았다.

봉사지 아레키파 알레한드로 초등학교에 발을 들여놓는 순간 걱정은 더 과중되었다. 예체능 교과 중심을 수업을 해달라는 요청에 딱히 손에 잡히는 과목이 없었다. 미술? 각종 자료는 어디서 구하며 어느 학년을 무엇을 가르칠지 도무지 머릿속에 그려지는 것이 없었다. 그래 고민 끝에 음악을 가르치기로 학교 측과 의논되었다.

음악을 택하게 된 배경에는 마틸데 교장 선생님이 미술보다는 음악의 중요성을 더 잘 알고 있었기 때문이다. 그래 시작한 음악? 맨땅에 헤딩하는 기분이었다. 이 나라 교육과정에 음악이라는 음자도 없는 상황에 도대체 무슨 내용을, 무슨 자료로 가르칠지 난감했다. 이곳 초등학교 음악 관련 자료를 구해 보려고 백방으로 노력했지만 허사였다. 그래서 내린 결론은 한국 저학년 위주 음악 교육과정을 재구성해서 가르치기로 했다. 바로 악기를 이용한 수업 이후에 이를 합해 재미난 합주를 하기로 했다.

지난 8월 중순에 2학기 수업이 시작되면서 음악 공부의 첫 삽을 들었다. 아이들이 음악 수업을 한 번도 접하지 못한 상태라 신기하고 호기심은 가득한데 전혀 이해를 못 했다. 우선 8음계를 천천히 가르쳤다. 직접 소리를 내어서 쉬운 계명 반복하기 등 부담을 주지 않으면서 가르친 효과는 금세 나타났다. 감수성과 순발력이 잠재된 아이들이 하나를 배우면 금세 두 개를 알아차리는 영리함도 보여주었다.

이후 우리 KOICA에서 지원해준 현장활동비로 각종 악기를 구입했다. 리코더, 트라이앵글, 실로폰, 핸드 벨 등 리듬합주를 할 수 있는 약 5십 명 분 악기를 구입해 아이들 재능에 맞게끔 차근차근 지도했다. 한술에 배가 부를 턱이 없다. '슬로 앤드 스테디' 천천히 그리고 알뜰히 가르치자는 지도 목표를 세우고 지도한 결과를 오늘 '디아 델 로그로(성과 발표회)'에 많은 학부모님들을 모시고 발표를 했다.

두어 달 전에 우리 학교 개교기념일에 쉬운 곡 몇 곡을 선보인 적이 있었지만 오늘처럼 약 3십 분에 가까운 발표는 아니었다. 두 달 전과 비교하면 우리 아이들이 악기를 다루고 노래를 부르는 실력이 많이 향상된 것을 금세 알 수 있다. 그야말로 일취월장이라는 말이 적절하겠다. 무에서 작은 유를 창조하는 과정은 가르치는 자신과 가르침을 받는 아이들의 마음과 교감이 확실히 이루어져야 그 성과가 빛나는 것이다.

약 4개월 동안 아이들을 가르치면서 받았던 스트레스가 오늘 연주회를 통해서 확 날아간 것 같아 마음이 더없이 가볍다. 오늘 발표한 곡은 입장해서 퇴장까지 약 8곡이었다. 구성은 우리나라 어린이들이 즐겨 부르는 〈발 맞춰서 나가자〉 〈반짝반짝 작은 별〉 〈큰북을 울려라〉 둥둥 영

성과 발표회 준비를 하며

교장 선생님, 지역 경찰관이 참관하며

어 가사로 〈곰 세 마리 한집에 사는데〉 〈즐거운 곳에서 날 오라 하여도〉 그 외 스페인어로 성탄절 축하 노래 〈징글벨, 루돌프 사슴 코〉였다. 이 곡을 부르면서 그동안 익힌 악기 연주 실력이 무척 안정적이었다.

오륙 학년을 제외한 약 백여 명의 학생들이 한 악단이 되어 춤추고 노래 부르고 악기 연주하고 신바람 나는 연주를 했다. 특히 성탄절을 축하하는 산타 모자를 모두 쓰고 발표하는 모습은 무척 귀엽고 아름다웠다. 일이 학년 아이들이 음악에 맞춰 시종 율동으로 분위기를 살려 주는 모습도 무척 귀여웠다. 4학년 아이들 핸드 벨 연주 때도 누구 하나 박자를 놓치지 않고 자연스럽게 자기 차례 때 흔들어 주었다.

도레미의 '도'도 몰랐던 아이들이 계이름을 읽을 줄 알고 정확히 소리를 낼 줄 아는 모습 그리고 계이름대로 리코더를 정확히 불 줄 아는 모습은 교육의 힘이 얼마나 큰지를 보여주는 대목이었다. 자녀들이 이방인 선생님으로부터 배운 노래를 악기를 연주하는 모습을 바라본 학부모님들 입가에 잔잔한 미소가 번져 나오는 모습은 더없이 보람찼다.

이 땅에서 예순 넘긴 부부함께 KOICA 사랑을 실천해 가면서 과연 나누고 섬길 수 있을까 하는 걱정들이 앞을 가로막는 듯했으나 음악 교육 봉사가 5개월째 접어들면서 참 잘 선택했구나, 참 재미나구나, 이젠 더 잘할 수 있을 것 같구나 하는 생각이 절로 들었다. 오늘이 있기까지 현장 활동비를 지원해준 KOICA 당국 그리고 우리 학교 마틸테 교장 선생님의 천심 같은 마음으로 각종 편의를 제공해준 도움 그리고 '옆에서 늘 할 수 있어'라고 든든한 응원을 해준 남편에게 진심으로 감사를 드린다.

이 땅에서 아이들과 더불어 생활하면서 미처 내가 깨닫지 못했던 사랑을 느끼는 경우가 무척 많다. 학교 당국의 무한한 사랑, 가르치는 아이들로의 사랑, KOICA 지원에 사랑, 옆에서 늘 나를 격려해 주는 남편의 사랑 등. 작년 6월 말 페루 남부 안데스 고원 지대에 자리 잡고 있는 아레키파에 도착해 낯선 땅에서 새로운 도전의 삶을 시작하면서 마음으로 느끼는 부담이 제법 컸다.

우선 '알레한드로 산체스 아르테가' 시골 초등학교에 발을 들여놓고 무엇을 어떻게 가르치며 봉사해야 할지를 정하지 못해 무척 전전긍긍했다. 파견 땐 단순히 예체능 교과를 가르칠 것이란 암시를 주고 그 외는 학교와 상의해서 봉사할 교과를 정하도록 했다. 여러 선생님들과 의논 끝에 음악을 가르치기로 최종 협의되어 첫 단추를 끼우기 시작했다. 필자는 음악과 인연이 조금 깊다. 대학 때 음악 교육을 부전공했고, 현장에서 학생들을 지도할 때 중학년 위주 리듬합주 지도를 다년간 지도한 경험이 있어 그리 두렵지는 않았다.

음악 관련 자료를 수집하고 차근차근 지도하면서 잘 따라오는 아이들을 보면서 느끼는 보람과 기쁨 또한 이루 말할 수 없을 정도로 컸다. 2013학년도에는 주로 리듬합주 지도와 세계 여러 나라의 민요 등을 지도했다. 비록 설익은 리듬합주 연주회도 2회나 가졌다. 작년 10월 중에 개교기념일 행사로 3, 4, 5학년 위주로 연주회를 가졌으며 이후 12월 중순 학년말 학예발표회를 통해 보다 나은 연주회를 선보이면서 많은 학부모님들로부터 많은 찬사를 받았다.

2014학년도 신학기가 시작되면서 새로운 음악 학습 환경을 만들어 보려는 계획을 하면서 올해 새롭게 시도한 것이 바로 바이올린 가르치기였다. 마침 작년에 이어 KOICA 현장교육 활동비가 약 1,200불 정도 남아 있어 이걸 신청하니 KOICA 당국에서 바로 송금해 주었다. 일전에 어린이 학습용 4/4 바이올린 10대를 구입했다. 여기에 턱받침, 예비 줄, 음 조율기, 보면대 등 바이올린 학습 지도에 큰 부족함 없이 준비했다.

예전에 바이올린 지도 연수를 약 3개월 정도 한 적이 있어 기초를 지도하는 데 큰 어려움이 없다. 아이들 수준을 감안해 더 필요하면 자비를 써서라도 연수를 할 생각이다. 그리고 인터넷을 통한 지도 방법 등이 다양하게 있기에 이걸 활용해도 큰 도움이 되겠다.

사실 이번에 바이올린을 구입해 아이들 지도를 시도하자 학교장 및 여러 선생님들이 얼마나 기뻐하는지 그 정도가 학교 전체에 충만했다. 필자도 새로운 도전에 자신감이 생기고 KOICA 시니어단원으로 더 나누고 더 섬기려는 간절한 마음이 더 생기는 것 같았다.

이 땅에 1년 가까이 살면서 KOICA의 사랑을 얼마나 많이 받았는지 회수를 헤아리기조차도 어렵다. 이번에 지원해 준 현장교육활동비만 생각해도 너무너무 감사하고 감사하다. 단원만 각 기관에 덜렁 보내 놓고 알아서 봉사하라고 한다면 무슨 재주로 봉사하겠나? 자료와 자원이 있어

바이올린 공부 신바람 나요

KOICA 음악 악기 지원 감사해요

야 신바람 나게 서로 나누며 가르치지 않겠나?

우리 아이들이 일제히 하는 말 'KOICA 감사해요. 우리 바이올린 열심히 배울게요' 하는 말이 귓전에 메아리처럼 남는다. 나도 더 열심히 아이들을 사랑하고 우리나라에 KOICA에 감사하는 마음을 더 다잡아 먹으면서 남은 날 동안 열심히 봉사할 것을 다짐해 보았다.

페루 아이들이 왜 수학 실력이 낮을까?

한국어가 수학을 배우는 데 가장 유리한 언어 중 하나로 꼽혔다. 《월스트리트저널》은 10일(현지 시간) 한국어와 함께 중국어, 일본어, 터키어가 숫자를 세고, 수학의 개념을 전달하는 데 가장 뛰어난 언어라고 보도했다. 스페인어를 사용하는 학생의 수학 성적이 한국어 등을 사용하는 국가의 학생에 비해 떨어지는 이유도 스페인어 때문이라고 지적했다.숫자를 세는 데 필요한 고유한 단어가 스페인어로는 26개가 넘으나 중국어에서는 9개에 불과하다. 숫자 '16'을 세는데 한국어로는 '십' 더하기 '육'이지만 스페인어로는 '디에스 세이스'이라는 새로운 말이 필요하다. 한국어는 두 음절이지만 스페인어는 여섯 음절로 무척 그 길이가 길다. 또한 스페인어로 셈법을 익히면 한국어 등과는 달리 십진법 개념이 제대로 정립되지 않아 실수를 범하기 쉽다고 한 신문은 덧붙였다.

필자가 페루 초등학교에서 4~6학년을 대상으로 수학을 가르치면서 제일 힘든 과정이 숫자를 제대로 읽고 사용하기가 어렵다는 것이다. 우리 한글은 '1'부터 '10'까지 한 음절로 읽을 수 있는데 여기 스페인어는 보통 서너 음절로 되어 있다. '우노, 도스, 트레스, 쿠아트로, 신코, 세이즈, 씨에테, 오초, 누에베, 디에스.' '1'부터 '10'까지 스페인어 발음이다. 다시 11부터 99까지는 그 음절이 더 길어진다. 가령 '14'라는 숫자 '카토르세'

▶ 담임 선생님이 각도를 설명하며

▶ 난생 처음 각도를 재 봐요.

▶ 이젠 각도 재는 방법 알겠어요.

하고 읽는데 다음 수 '15'는 전혀 다른 발음으로 읽는다. '낀세(15), 디씨 세이즈(16), 디세 씨에테(17)' 등 그러니 자연스럽게 숫자에 대한 개념의

혼란이 오기 마련이다.

백 단위로 올라가면 그 음절이 더 길어진다. '2백(도시엔토스), 3백(트레스 씨엔토스), 4백(쿠아트로 씨엔토스)' 등 한참을 생각해야 숫자가 입에서 튀어나온다. 여기에 더 어려운 것이 있다면 바로 구구단을 외우는 과정이다. 한 예로 '칠칠'은 '49' 하면 우리나라는 끝나는데, 여기 '7' 곱하기 '7'을 '씨에테 포르 씨에테 세리아 쿠아렌타 누에베'라고 한다. 이쯤 되니 힘들 수밖에 없다.

이곳 4학년 이상 아이들 중 구구단을 완전하게 외우는 아이는 많아야 4십 퍼센트 정도밖에 되지 않을 정도다. 수학 곱셈 나눗셈 시간에 구구단표를 내놓고 문제를 푸는 아이들이 많다. 백 단위 곱셈, 천 단위 나눗셈은 그야말로 하늘에 별 따기만큼이나 어려운 현실이다. 한마디로 기본 사칙 계산을 못하는 아이들이 수두룩하다. 필자에게 수학을 가르쳐 달라는 학교 당국의 요구가 무엇인지를 시간이 흐르면서 알게 되었다. 그래 요새는 다양한 사칙 계산 문제지를 가지고 집중적으로 가르치고 있다. 그 효과가 가시적으로 조금씩 나타나고 있다. 수학의 속성상 학생이 한번 뒤처지기 시작하면 따라잡기가 쉽지 않다. 유치원이나 초등학교에서 한국 등 아시아 국가 학생이 서양 학생에 비해 일이 년 앞서가고 있고, 고등학생이 되면 그 격차가 훨씬 더 크게 벌어진다고 저널이 강조했다. 현재 고등학생의 수학 실력은 중국과 한국이 선두를 달리고 있는데 반해 미국은 세계 30위에 그치고 있다. 스페인어 사용 국가는 그것보다 한참 뒤처지는 현실이다. 페루 아이들의 수학 실력은 참 답답할 정도로 뒤처져 있다. 더 낮추는 자세로 실력을 끌어올려 볼 요량이다.

한국 꼭두각시 춤 너무 재미나요

이 땅에서 아이들과 더불어 음악 공부를 하면서 마음에 와 닿는 감회가 이루 말할 수 없을 정도로 많다. 작년 6월 말에 아레키파에 발을 들여놓고 봉사할 일을 생각하니 앞이 캄캄할 정도로 앞이 보이지 않았다. 무엇을 가르치며 어떻게 가르치며 현지어는 어떻게 하며 등 앞에 태산 같은 장애물이 놓여 있는 것 같았다.

그래도 심호흡을 하고 학교 당국과 마음 문을 열고 대화를 통해 음악을 가르치기로 했다. 필자가 그래도 제일 자신이 있는 과목이 음악이었다. 대학에서 부전공으로 음악을 공부했고 교회 성가대로 오래 활동해서 가장 친근한 과목이 바로 음악이었다.

아이들과 더불어 음악 기초부터 공부하는데 아이들이 어찌나 잘 따라오는지 그야말로 일취월장이라는 말이 딱 제격이었다. 리듬합주를 하고 리코더로 한국 아리랑을 연주하고 올 4월부터는 바이올린 연주를 시작해 지금 다장조 곡은 제법 소리를 내는 데까지 이르렀다. 이렇게 성장하는 모습을 바로 옆에서 지켜보는 필자 마음에 와 닿는 기쁨과 보람은 정말 이루 말할 수 없을 정도로 진하다.

페루의 학교에서 운영하는 인성 함양 교육 내용은 우리나라가 오히려 본받을 만한 것들이 무척 많다. 약 2십 일 전부터 각 반에서 페루 전통 춤을 배우는 프로그램이 시작되었다. 바로 9월 21일(일) 봄맞이 춤 축제를 위해서였다. 교육청에서 파견되어 온 두 명의 춤 지도 젊은 교사가 각 학급 학생들에게 체육 시간을 할애해 전통 춤을 가르쳤다. 매년 하는 행사라 아이들이 춤을 이해하고 소화해 내는 능력이 매우 우수했다.

필자도 봄맞이 춤의 축제날 한국 춤을 하나 선보이면 좋겠다는 학교 요청이 있어 2학년 남 6명, 여 6명, 총 12명을 선발해 한국 어린이 전통 춤의 대명사 꼭두각시 춤을 발표하기로 했다. 정규 수업 이외 적당한 시간을 택해 약 열흘간 전통 춤을 지도했다. 대략 6~8가지 동작을 반복해서 지도하는데 의외로 아이들이 잘 따라왔다. 아이들을 교사가 의도를 갖고 잘만 지도하면 무한한 능력을 계발할 수 있다는 것도 깨달았다.

생면부지의 한국 춤을 배우는 아이들은 신기해하며 너무도 재미나게 잘 따라 주었다. 전통 의상은 마침 오는 10월 11~12일 페루 아레키파에서 실시되는 한국 문화의 날 행사에 사용할 아이들 옷이 한국으로부터 공수되어 오는 바람에 아무런 어려움이 없이 사용할 수 있었다.

드디어 전통 춤을 발표하는 9월 21일 오전 11시가 다가왔다. 필자는 남들보다 약 2시간 빨리 학교에 도착해 오늘 꼭두각시 춤 춤을 발표하는 아이들을 독려해 필자가 음악 가르치는 방에서 유튜브를 통해 공연되는 꼭두각시 춤 영상을 아이들에게 열 번 정도 보여주고 눈으로 익히게 했다. 직접 자리를 잡고 영상으로 나오는 동작을 따라하며 자신감을 북돋워 주었다. 그리고 부족한 동작은 비록 좁은 공간이지만 반복하면서 익혔다.

드디어 공연 프로그램 13개 중 우리 춤 공연이 4번째로 운동장 무대에

셨다. 학부모님들이 자녀들의 춤 축제를 축하해주기 위해 입추의 여지 없이 많이 모였다. 오늘 모인 학부모들은 이미 필자를 잘 알고 있는 학부모들이다. 지금까지 3번에 걸침 각종 음악 발표를 관람한 학부모님이라 시작과 함께 정말 뜨거운 박수를 받았다.

전통 음악에 맞춰 아이들이 입장하고 전통 춤이 시작되자 여기저기 박수 소리가 터져 나왔다. 응석받이 2학년 아이들이 남녀가 짝이 되어 신바람 나게 추는 꼭두각시 춤은 그야말로 인기 만점이었다. 약 4분 동안 약간의 반복 동작이 있긴 해도 차분하게 음악에 맞춰 동작을 충분히 소화해 냈다. 춤 공연이 끝날 쯤 정말 우레와 같은 박수로 한국 전통 춤을 축하해 주었다.

시작할 때는 자신이 없어 어딘가 숨어 버리고 싶은 심정이었으나 가르치면서 칭찬해 주고 다독거리며 성장하는 아이들을 모습을 바라보는 필자의 마음에 이게 나누고 섬기는 KOICA의 진정한 사랑이라는 것을 느끼게 되었다. 공연 후 아이들이 어찌나 잘하는지 미리 준비해간 스케치북을 한 권씩 감사 선물로 주었다. 필자에게 '프로페소라 무치시마 그라시아서'라고 입이 마르고 닳도록 감사하단다. 이런 보람이 있기에 비록 예순을 넘겼지만 삶이 재미나고 날마다 감동하는 것이다.

교장 선생님과 함께 기념 촬영을

꼭두각시 춤 한국 전통 춤 너무 재미나요.

수학 학습 효과가 많이 좋아졌어요

필자가 근 4십 년 넘게 교단에서 아이들을 가르치면서 얻은 경험은 다방면으로 유용하게 활용하고 있다. 그 다양한 경험이 밑받침이 되어 부부함께 KOICA 시니어단원으로 페루 시골 학교에서 아내는 음악을, 필자는 수학 교육 봉사를 하고 있다. 수학 교육 봉사가 시작될 때 어떻게 지도하는 것이 정말 효과적인 학습 방법이 될까 무척 많은 고민을 했다. 그러나 필자가 경험했던 다양한 지도 내용들을 하나하나 접목한 지금 그 효과가 서서히 나타나고 있어 일말 작은 보람을 뼛속까지 느끼고 있다.

학교에서의 교육이란 교과 교육만이 전부는 아니다. 학생들이 처해 있는 환경, 교실 분위기, 가르치는 교사의 인격, 학생 개개인의 태도, 가정의 협조 등 그 범위가 넓고 다양하여 이 모든 것이 복합체로 이루어지겠지만, 그러나 교과의 공부가 중요한 몫을 차지하고 있다는 데 대해 부정할 사람은 아무도 없을 것이다.

교과 공부를 잘하는 데에는 크게 두 가지 점에서 생각해 볼 수 있다. 하나는 가르치는 교사의 지도 방법 및 수업에 임하는 자세이고, 다른 하나는 배우는 학생들의 수업 태도와 학습 방법에 달려 있다고 하겠다.

특히 수학 과목에 있어서는 위에 언급한 점들이 강조되고 있으며, 나아가 수학 공부의 성패를 좌우하게도 된다. 교사의 지도 방법이 좋아서 수학을 좋아하게 된 학생도 많다. 또한 수학은 논리적인 교과라서 기초와 기본이 탄탄해야 그 소기의 목적을 달성할 수 있다. 논리적인 기초가 안 된 이 동네 아이들 수학 능력 수준이 형편없이 낮아 처음에 무척 애를 먹었다.

학생들로부터 간혹 이런 질문을 받았다. '어떻게 하면 수학 공부를 잘할 수 있느냐?' 열심히 해도 안 된다는 것이었다. 그러면 수학 공부는 열심히 한다고 해서 그 성실에 정비례해서 성적이 향상되는 것일까? 여기에 대한 해답은 무엇일까?

'학문에 왕도는 없다'는 말이 있다. 더욱이 수학은 왕이 다니는 길처럼 편안한 길은 없다. 피나는 노력과 끈기, 더불어 논리적으로 풀어 가고 정리해 나가면 어느 시점에 가서는 대단히 쉽게 진행되어 간다. 여기에 좋은 학습 방법이 중요시되어지는 것이다. 이러한 좋은 학습 방법은 공부하는 시간에 비례하여 많은 능률을 올릴 수 있는 것이다. 여기에 수학의 기초와 기본이 뒷받침되지 않으면 아무리 시간을 많이 투자해도 그 효과는 완만할 것이다.

예컨대, 사람이 태어나서 어느 시기가 될 때 걷는 법을 배운다. 조금 더 자라면 뛰는 법을 배운다. 더욱 장성하면 기구를 사용하여 단시간 내에 자기 목적지까지 움직인다. 기구에 따라 더욱 빨리 갈 수도 있다.

이처럼 학습 방법도 좋은 학습 방법이면 능률을 올릴 수 있다. 그래서 필자가 그동안 쌓아놓았던 다양한 경험을 토대로 지도를 해보니 아이들이 수학이 재미있어 하고 기초와 기본이 제법 갖춰졌다.

우선 사칙연산부터 철저히 지도했다. 4~6학년 중 구구단을 완전히 외우지 못하는 아이가 약 3십 퍼센트 정도다. 약 한 달 동안 구구단 외우는 일에 집중했다. 이후 곱셈, 나눗셈 문제 풀이 훈련을 많이 했다. 그러면 열심히 문제를 맞힌 학생들에게 아낌없는 칭찬으로 보상해 주었다.

연산 기초가 된 후에 다양한 문제를 접목시켜 심화시켜 나갔다. 수학은 논리적 사고를 요하는 과목이기에 철저하게 자료를 가지고 지도했다. 가령 각도 재기는 각도기로 수업을 했다. 여기 아이들은 수학에 관련된 자료를 거의 가지고 있지 않다. 그래 KOICA 현장교육지원 사업으로 배부된 돈으로 일체 학습 자료를 사서 활용했다. 사용 후에 거둬 다음 반에 사용하는 등, 아이들을 지도하면서 제일 힘들었던 것이 바로 학습 자료를 잘 활용할 수 없는 경우가 참 많았다. 지금은 조금 익숙해졌다.

아이들이 문제를 잘 해결했을 때 입에 침이 마르도록 칭찬을 해주었다. 간혹은 작은 선물로 그 사기를 더 북돋워 주었다. 꼭 문제를 다 푼 경우 채점을 해서 노타(점수)를 써 주었다. 여기는 모든 과목이 20점이 만점이다. 만점을 받는 아이의 입가에는 웃음과 함께 자긍심이 충만했다. 담임에게 부모님께 얼마나 자랑을 하겠나?

상당수의 부진아는 수준별 문제로 별도 문제 풀이를 대신했다. 아무래도 우등생 위주로 끌고나가야 수학 가르치는 데 의미가 더 있겠다 싶어 대체로 중간 수준 이상 아이들에게 집중했다. 약 일 년이 넘어선 지금 확실히 수학이 재미있고 카를로스 코리아노 선생님이 잘 가르쳐 준다는 사실이 아이들 마음속에 심어졌다. 담임들도 자기가 미처 가르치지 못하는 단원을 속 시원하게 지도해 주니 매우 좋아하는 눈치이다.

다시 한 번 더 가슴에 손을 얹고 되돌아보면 이미 정년 후 농사일이나 하거나 손자나 볼 나이에 이렇게 나누고 섬기는 봉사가 얼마나 귀한 일인지 그저 가슴에 감격이 절로 묻어나오는 것 같다. 이 땅에서 임기가 다 하는 날까지 정망 자신은 낮추고 내 아이들은 진심으로 섬기는 그런 봉사를 예순 넘긴 부부함께 KOICA 사랑을 실천할 참이다.

▶ 각도기로 실제 해보니 재미나요.

▶ 6학년 아이들 수학 경시 대회

우리 한국 전통 부채춤 배워요

나이가 들수록 세월 체감지수는 빠르다고 했던가? KOICA 제80기 시니어단원으로 부부가 함께 이 땅을 밟은 지가 마치 엊그제 같았는데 벌써 이 년을 지내고 삼 개월째 접어들었다. 이젠 남은 달수가 한자리 수인 아홉 달이다. 내년 4월 중순쯤이면 서서히 짐 정리를 하고 4월 말엔 여지없이 이곳을 떠나야 한다.

그동안 지난날들을 하나하나 되짚어 보니 손에 잡히는 것이 또 내놓을 만한 것이 별로 없다. KOICA 시니어단원이라는 허울을 쓰고 임기응변 때우기 봉사를 하지 않았는가 하는 자책이 밀려온다. 그래도 건강하게 나누고 섬긴다는 마음에는 변함이 없었다.

봉사하는 학교에 가면 아이들이 우르르 몰려와 필자 가슴에 안기며 반갑게 인사를 하며 가르치는 한국 전통 음악과 전통 춤이 재미있다고 입을 모으건만 필자 마음에 와 닿는 성과는 미미한 것 같다. 그나마 위로는 아이들의 해맑은 미소와 재미나다는 말 때문에 작은 위로가 된다.

음악의 불모지 페루에서 아이들에게 8음계를 가르치고 이 음계로 리코더를 연주하게 하고 생전 처음 접하는 각종 악기로 리듬합주를 하는 등 나름대로 작은 성과는 있었다고 자부한다. 그 결과들이 2년 동안 6번에 걸친 음악 발표회를 한 것이 작은 성과라면 성과다.

작년 10월 KOICA에서 우리 학교 어린이 놀이 시설을 기증해 주는 기념으로 음악 발표회를 가졌다. 그때 우리 학교 2학년 남녀 6쌍을 선발해 한국 꼭두각시 춤을 가르쳤다. 이 아이들이 난생 처음 접하는 한국 전통 어린이 춤을 배우면서 얼마나 좋아하는지. 타국 문화를 마치 자기 문화로 착각하고 배우는 모습을 보고 얼마나 기뻤는지 모른다. 자라나는 아이들의 잠재력은 무궁무진하다는 것을 느꼈다. 이들이 한국 전통 음악에 맞춰 꼭두각시 춤을 추는 모습을 본 학부모님들의 입가에 웃음과 함께 감동하여 뜨거운 박수를 보내 주었다. 또 시내 일간지 신문에 대서특필 기사가 난 적도 있다.

올 10월 54회 개교기념일 행사에 또 한 번 음악 발표를 꿈꾸고 있다. 12월 연말 발표를 한 번 더 남겨 놓았지만 10월 행사에 필자는 좀 더 색다른 발표회를 꿈꾸고 있다. 3년째 음악을 가르치면서 아이들의 일취월장한 연주 기량을 바탕으로 좀 더 수준 높은 연주와 색다른 프로그램을 꿈꾸고 있다. 그중에 하나가 한국 전통 춤 꼭두각시 춤의 수준을 높이고 고학년 위주로 한국 전통 부채춤을 공연할 생각이다.

수소문하여 한국 전통 부채를 한 여남은 개 구했다. 이걸로 우선 기초 지도를 하고 KOICA를 통해 한국에서 필요한 숫자만큼 부채를 공수해 오는 것이다. 일전에 벌써 한국에서 물건을 보냈다는 연락을 받았다.

요새 아이들에게 가르치는 부채 춤 동작은 유튜브를 통해 필요한 자료를 다운 받아 다시 재구성해 가르치고 있다. 아이들이 어찌나 신기해 하는지 가르치는 필자 또한 덩달아 신바람이 난다. 함께하는 동작과 한국 부채의 화려한 색상 그리고 역동적인 손놀림 동작이 무척 재미나는가

▶ 한국 전통 부채춤 너무 신기해요

▶ 시작 인사

▶ 부채춤 파도 타기도 하며

▶ 마지막 무궁화 꽃을 만들며

보다. 아직은 걸음마 단계지만 시간이 흐를수록 아이들이 부채 춤 내용을 이해해서 가르치는 입장에서 무척 신바람이 난다.

이국 아이들이 한국 음악과 무용을 배워 발표한 추억은 먼 훗날 어디에선가 한국 전통 음악과 춤을 접했을 때 감동받게 할 것이다. 또 부족한 필자를 기억하지 않겠나? 또 KOICA 사랑을 동경하지 않겠나? 모두가 협력해서 선을 이루고 한국과 페루의 문화와 교육 교류의 가교 역할을 톡톡히 하는 것이다.

잉카 아이들에게 꿈과 용기를 심어준 음악 발표회

한 달 전 페루 KOICA 사무소부터 연락이 왔다. KBS1 TV에서 8월 15일 광복 70주년 특집으로 해외에서 열심히 봉사하고 있는 부부를 선택해 〈인간극장〉 촬영이 있을 거란다. 확실한 건 아니지만 가능이 있다나? 그래 괜히 가슴이 뛰기 시작했다. 〈인간극장〉이 KBS 프로그램으로 인기 있다는 사실은 전부터 알고 있었다.

그래 머릿속에 부부함께 KOICA 사랑을 실천하고 있는 리얼한 내용을 어떻게 보여줄까 생각에 빠졌다. 대충 떠오르는 것이 작년 10월 중순에 발표한 적이 있는 꼭두각시 춤 전통 춤과 바이올린 및 리코더로 한국 전통 민요 아리랑을 연주하기로 마음먹었다. 그 외 일부 리듬합주, 훌라후프, 줄넘기 율동 체조를 더했다.

1년 연장이라는 선물로 한국을 방문하는 기회가 있었다. 지난 6월 9일 출발해서 6월 27일 돌아왔다. 좀 빨리 돌아온 이유는 혹시 〈인간극장〉 촬영이 오면 그래도 모양새를 갖춰 내용을 보여주기 위해서였다. 연습 시간을 늘리기 위해서이다. 지난 7월 10일경 한창 열심히 연습 중인데 KBS로부터 연락이 왔다. 대단히 죄송하다는 연락이 왔다. 이번 해외 특집 방침이 10년 이상 해외에서 생활한 경력이 있어야 한단다. 그래서 다음에 좋은 기회를 만들어 보자고 했다. 서운함이 밀려왔다. 그래도 준비한 내용을 더 열심히 다듬어 잉카 아이들에게 꿈과 용기를 심어주고 싶었다.

이 땅에 발을 들여놓은 지 2년 3개월째, 세월이 무척 빠르다는 것을 피부로 확연히 느낀다. 그동안 낯선 현지 문화에 자연스럽게 흠뻑 젖어든 것 같아 마음에 한결 여유가 생겼다. KOICA 훈련 중 현지어 및 문화적응 훈련을 받을 때는 과연 예순 넘긴 나 같은 시니어가 언어, 체력, 현지적응, 아이들 지도 등 현실과 부딪히는 일을 잘해 낼 수 있을까 하는 걱정이 태산처럼 앞을 가로막았다.

이 땅에서 처음 음악을 택하게 된 배경에는 마틸데 교장 선생님이 미술보다는 음악의 중요성을 더 잘 알고 있었기 때문이다. 그래서 시작한 음악? 맨땅에 헤딩하는 기분이었다. 이 나라 교육과정에 음악은 있지만 교과서가 없는 상황에 도대체 무슨 내용을 어떤 자료로 가르칠지 이것 또한 난감했다. 이곳 초등학교 음악 관련 자료를 구해보려고 백방으로 노력했지만 허사였다. 그래서 내린 결론은 한국 2~4년 위주 음악 교육과정을 재구성해서 가르치기로 했다. 바로 악기를 이용한 수업이었다. 이렇게 해서 재미난 리듬합주와 스페인어 노래, 바이올린 기초 지도, 통합교육과정으로 음악 훌라후프, 노래와 함께하는 줄넘기 놀이도 병행했다.

작년 2013년 8월 중순에 2학기 첫 수업이 시작되면서 음악 공부를 처음 시작했다. 아이들이 음악 이론이나 악보를 제대로 접해보지 못한 상태라 신기하고 호기심은 가득한데 이해가 한참 부족했다. 우선 다장조 음계와 기본 리듬을 알아차리는 영리함도 보여주었다. 아이들은 호기심

▶ 페루 잉카 전통 춤도 선보이며

▶ 한국 전통 민요 아리랑을 연주하며

에 차 음악 공부는 하루가 다르게 진도가 진척되었다.

오늘 7월 24일(금요일) '디아 델 로그로(성과 발표회)'에 많은 학부모님을 모시고 다섯 번째 발표회를 가졌다. 2015학년도 1학기를 마무리하는 음악과 춤을 함께 발표하는 통합교육 발표회였다.

처음 시작 때와 비교하면 아이들의 악기를 다루고 노래 부르는 실력이 많이 향상되었다는 것을 금세 알 수 있었다. 특히 리듬에 맞춰 춤을 추는 실력도 한국 아이들과 거의 비슷했다. 그동안 아이들을 가르치면서 받았던 마음고생이 오늘 5번째 음악 발표회 통해서 확 날아간 것 같아 마음이 더없이 가벼웠다. 오늘 발표한 내용 입장에서 퇴장까지 총 5파트를 나눠 발표를 했다.

첫 번째로 3학년 남녀 각 6명 총 12명의 학생들이 한국 전통 춤 꼭두각시 춤 공연했다. 작년에 이어 올해 두 번째 발표하는 터이라 아이들 몸동작이 자연스럽고 익살과 재치도 무척 좋았다. 잉카 아이들이 이런 춤을 통해서 좋은 정서와 한국에 대한 꿈과 용기를 가진다고 생각하니 가슴이 벅차올랐다.

두 번째 발표는 11명 아이들의 바이올린 연주로 우리나라 민요 아리랑 외 3곡을 발표하고 바로 이어서 리코더 연주도 있었다.

세 번째는 전교생이 참석하는 춤과 함께하는 리듬합주가 있었다. 모두가 하나되는 발표회였다.

네 번째는 통합교육 과정 일환으로 음악과 함께하는 훌라후프 'Happy day' 율동을 발표했다. 처음하는 율동이라 연습 때 다소 어려워했으나 오늘 율동은 부모님으로부터 칭찬을 받기에 충분한 발표였다. 이어서 줄넘기 율동이었다. 정말 신바람 나게 한판 놀이판을 선보였다.

마지막으로 전교생이 함께하는 '페티 케이크 폴카(포크 댄스)' 춤판으로 오늘 발표회를 마무리했다. 모든 발표가 정말 보람차고 모든 이에게 감동을 주었다.

악보나 리듬을 몰랐던 아이들이 계이름을 읽을 줄 알고 정확히 소리를 낼 줄 아는 모습, 그리고 계이름대로 리코더를 정확히 불 줄 알고 가냘픈 손가락으로 바이올린 줄을 짚어 가며 정확하게 소리를 내는 모습은 교육의 힘이 얼마나 큰지를 보여주었다. 이방인 선생님에게 배운 노래를 악기로 연주하는 아이들의 모습을 바라보는 학부모님들의 입가에는 잔잔한 미소가 번져나왔다. 더없이 보람차고 자랑스러웠다.

KOICA를 통한 작은 교육의 힘이 이 아이들이 빈곤으로부터 탈출하고 새로운 비전과 용기를 가지는 계기가 되길 간절히 기도한다. 이들 중 훗날 페루가 자랑하는 훌륭한 음악가가 한두 명 나왔으면 하는 간절한 바람도 이어졌다. 이런 내용이 일회성 발표회가 아니라 지속적으로 이어지길 간절히 기도해 본다. 음악의 불모지 아레키파 시골학교에서 원석처럼 아무 구김살 없이 커가던 아이들한테 음악이라는 예술을 접목시킨 것이 얼마나 자랑스러운지 2막 인생을 살아가는 필자에게는 감동과 감격 그 자체이다. 오, 감사합니다.

코바(KOVA) 장학금 네 번째로 또 받게 되었어요

한국해외봉사단연합회(KOVA)에서 주관하는 희망 장학 사업에 적극 신청하여 지금까지 총 다섯 번 신청하여 한 번 탈락하고 네 번째 선정되어 어려운 환경에서도 열심히 공부하는 학생들에게 희망과 용기를 심어 준 것은 보람 중에 보람이다.

2013년 9월 초 15회 장학 사업에 멋도 모르고 신청하여 엉겁결에 선발되어 처음으로 이곳 6학년 여자아이 시를레이에게 장학증서와 장학금 100불 수여식을 거행하면서 마음에 와 닿았던 감회는 이루 말할 수 없었다. 이후 매회 이곳 아이들 중에 학업 성적이 우수하고 가정 형편이 어려운 고학년 위주 학생 한 명을 추천해 코바 장학금 신청을 하였다.

이번 19회까지 총 다섯 번에 걸쳐 신청하여 지난 17회 때는 코바의 여러 가지 사정으로 선정에서 탈락되는 아픔도 겪었다. 그러나 필자 내외가 탈락한 학생 두 명에게 개인 호주머니를 털어 각각 100불을 장학금으로 지불한 적이 있다. 그 외 네 번은 별 어려움 없이 선정되어 이곳 아이들에게 대한민국의 위상과 KOICA의 이미지를 각인시키는 데 크게 기여하였다.

제19회 선정된 장학생에게 줄 장학증서가 지난 9월 23일경 여기 아레키파에 도착했다. 예순 넘긴 부부함께 KOICA 사랑을 실천하고 있는 우리 내외에게 19회 장학생 선발이 남다른 의미가 있다. 임기를 1년 연장하여 3년째 나누고 섬기고 있는 중에 마지막 장학생 선발이라는 각별하다. 이런 행운 속에 더욱 더 감사한 것은 지금까지 장학금이 100불이었는데 이번엔 코바 장학금 후원자인 크레듀(Credu)에서 많은 장학금을 기탁하는 바람에 1인당 170불을 받게 되었다. 어려운 환경에 처해 있는 이곳 아이들에게는 거금이나 마찬가지이다. 얼마나 좋아하겠나?

도착한 장학증서는 아내 학교에서는 10월 4일(일요일) 학교 개교기념일 때, 필자 학교는 10월 5일 월요일 애국 조회 때 전달식을 가질 예정이다. 이 아이들에게 줄 각종 학용품 선물도 미리 준비해 놓았다. 이런 장학금 신청이 때론 귀찮기도 하다. 신청하는 절차도 제법 복잡하고 전달식 후 결과 보고도 조금은 귀찮다. 그래서 젊은 단원들 중에 복잡하고 귀찮은 일 때문에 신청을 포기하는 경우가 종종 있다. 그러나 좀 귀찮지만 신청을 해 아이들에게 꿈과 용기를 심어 주는 일은 귀찮은 것보다 몇 배 이상의 보람과 기쁨을 가져다준다.

이 땅에 3년째 살면서 코바라는 좋은 기관을 만나 잉카 아이들에게 꿈과 용기를 심어 주고 곧 떠난다고 생각하니 그 뿌듯함에 가슴에 가득한 것 같은 느낌이 든다. 우리 아이들아 힘내. 사랑한단다.

▶ 4번째 코바 장학금을 전달하며

▶ 6학년 단양은 음악 재능이 무척 뛰어나다

한글 이름 선물 너무 감사해요

착하디 착한 이곳 아이들과 보내는 시간이 얼마나 재미나는지 정말 시간 가는 줄 모를 정도이다. 한 2년 반이 지나면서 현지 문화에 흠뻑 젖어들었고 현지어 구사 능력도 이젠 거의 불편이 없다. 그래 아이들과 재미난 대화를 주고받으면 내가 마치 타임머신을 타고 유년의 시절로 돌아간 듯한 착각에 빠지는 것 같다.

지난주 체육 행사로 결손된 4학년 A반, D반 아이들에게 정육면체 만들기를 했다. 수학은 자료를 가지고 조작하는 수업이 제일 재미나고 지루하지 않다. 모형 정육면체로 모서리, 꼭지점, 옆면을 가르치고 전개도를 가르쳤다. 수학 교육에서 실물 교육만큼 그 효과를 가져오는 경우는 거의 없다.

늘 이야기하지만 이 동네 아이들의 수학 관련 자료는 거의 전무한 편이다. 그래 늘 하는 공부가 사칙 계산이 고작이다. 또 절대 수업 시수가 부족해 정부에서 배부한 수학 교과서를 가지고 제때 진도에 맞춰 공부하는 경우는 거의 없다. 그러니 교과서 내용 중 넓이 내기, 부피, 길이, 분수, 입체도형, 집합 등은 거의 손을 대지 못하고 있다. 그래 필자는 각 학년 교과서를 정밀 분석해 이곳 선생님들이 주로 취급하지 않은 단원들을 골라 지도하고 있다.

예를 들어 각도 재기, 컴퍼스로 삼각형 그리기, 탱그램으로 각종 도형 만들기와 도형 이해, 모눈종이를 이용한 그래프 그리기 등이다. 지난주엔 정육면체 전개도를 그리고 이를 잘라 정육면체 모형을 만드는 공부를 했다. 첫째 날, 둘째 날은 그냥 만들기만 했지 그 만든 도형에 학생 각자 이름을 써주지 못했다. 셋째 날부터 입체도형을 만든 아이들 각자 이름을 써 주었다. 만든 입체 도형 앞면에는 '아페이도(성)'를 뒷면에는 '놈브레(이름)'를 써 주었다.

필자 입장에서 보면 한글 이름이 뭐 그리 대단하겠느냐 생각했는데 막상 각자 이름을 옆면에 커다랗게 써 주자 아이들이 너무나 신기해하고 입가에 웃음이 만연했다. 아이들에게 한국을 알리고 KOICA를 홍보하는 데 작은 도움이 되는 것 같아 참 잘했구나 하는 생각이 절로 들었다.

4학년 D반 담임 쿠안 빈토 선생님도 신기해하며 자기 이름도 써달라고 조른다. A4 용지에 커다랗게 써 주자 큰 선물이라도 받은 양 웃음으로 감사를 전한다. 아이들이 자기의 한글 이름을 빈 백지에 그려와 보여준다. '프로페소라 미 놈부레 에스크리베 비엔' 하고 묻는다. 자기 이름 제대로 썼느냐고? 또 어떤 아이들은 어느 쪽이 앞이고 뒤냐고 묻는다. 처음 대하는 한글의 방향을 알 턱이 없다. 모든 아이들에게 자기 이름 외워 써 보기 숙제를 내어 주었다.

공부할 때 관심이 집중될 때 재미나는 것이다. 그러면서 효과도 배가 되는 것이다. 오늘 자기가 만든 정육면체에 커다랗게 써준 한글 이름이 얼마나 신기하겠는가? 이 한글 이름 선물을 집으로 가져가 선반 위에 덩그렇게 놓고 한글 사랑을 꼭 했으면 한다.

오늘 하루도 아이들과 눈빛으로 인사를 나누고 잘했을 때 등을 토닥거리며 한없는 칭찬으로 꿈과 용기를 심어 주었다. 예순 넘긴 부부함께 KOICA 사랑을 실천하고 우리 내외한테는 더없는 보람과 감격과 감동은 매일매일 느끼고 있다.

▶ 입체도형 만들기 처음이에요.

▶ 한글 이름 써주셔서 감사해요.

▶ 아이들과 함께한 재미난 수학 수업

봄맞이 소풍 아이들과 함께한 행복

일주일 전에 학교에서 다음 주 금요일(10월 30일) '바세오(Baseo)'를 실시한다는 알림이 있었다. '바세오'라는 단어를 사전에 찾아보니 산보 또는 소풍이라는 뜻으로 해석했다. 또 필자와 제일 가까운 5학년 2반 우고 선생님께 물어보니 '엑스커션'이라고 번역해 준다. 바로 소풍이라는 뜻이었다.

그 즐겁고 재미난 소풍 행사가 어제 30일(금요일)에 실시되었다. 우리 학교 초등학생들이 다 참여하는 한 해 행사 중 제일 재미있고 의미 있는 행사였다. 약 7백 명 어린이가 참여하는 행사였으나 약 10퍼센트에 가까운 아이들이 참석하지 못했다. 정말 안타까운 일이다.

참가하지 못한 이유는 교통비 그리고 입장료 포함 6솔(약 2,500원)을 내지 못해서 참석하지 못했다. 사실 여기에 집에서 학교까지 왕복 교통비, 용돈, 도시락 준비 등 모두를 합치면 약 2십여 솔(8천 원) 정도는 있어야 제대로 된 소풍이 된다. 가량 한 집에 두 아이가 학교 다닌다고 치면 약 2만 원 가까운 돈이 필요하기 때문에 여기 어려운 가정은 엄두가 나지 않는 금액이다.

오늘 우리 학교 각 학급 참석률을 살펴보니 35명 정원에 30명이 참석한 6학년 1반이 최고였다. 제일 참석률이 낮은 반은 35명에 24명이 참석했다. 이렇게 계산해 보면 평균 2십 퍼센트의 학생이 참석하지 못한 셈이다. 이 얼마나 안타까운 일인가? 여기서 1만 원 정도는 구매력으로 우리나라 돈으로 이삼만 원 정도 되는 금액이다. 진작 이런 내용을 알았더라면 올 10월 코바 장학금을 받았던 6학년 3반 마르콧 아이는 내가 부담해서라도 데리고 올 걸 하는 아쉬움도 있었다.

필자가 우리 아이들 다니는 학구 몇 동네를 찾은 적이 있었는데 정말 살기 힘든 학구가 무척 많았다. 이런 형편이다 보니 소풍에 참가하지 못한 아이들을 이해하고도 남았다. 그 놈의 돈이 무엇인지? 유년의 꿈을 아름다운 추억으로 만들어야 하는 봄소풍에 참가하지 못한 아이들 얼굴들이 스쳐 지나갔다. 또 그 많은 이름도 중얼거려졌다.

소풍 장소로 학교에서 버스로 약 25분 정도 걸리는 '콘포나비세르'라는 거대한 복합 체육 시설이 있는 장소를 택했다. 수만 평에 이르는 거대한 대지에 아이들이 즐길 수 있는 대부분의 시설이 완비된 정말 소풍 장소로 최적지였다. 놀이시설 기구, 그늘진 넓은 잔디밭, 잔디 축구장, 전용 농구장, 수백 명이 한꺼번에 수영할 수 있는 수영장 등 아이들이 마음껏 즐길 수 있는 그런 장소였다.

아침에 아내가 현지 선생님들과 나눠 먹으라고 김밥을 네 줄이나 싸주었다. 혹시 선생님들과 아이들을 위해 내가 몰래 지출할 일이 있으면 사용하려고 돈도 두둑이 챙겼다. 그리고 사진기 충전도 가득했다.

아침 8시경 학교에 도착하니 오늘 소풍에 참가한 아이들 입가에 웃음꽃이 활짝 피었다. 어느 나라 아이들이나 소풍이나 현장 견학은 늘 즐거운 것이다. 나도 기분이 좋아 덩달아 웃음이 저절로 나왔다. 마치 내 어린 유년 시절 소풍으로 돌아간 듯한 기분이었다. 그 옛날 가난했던 시절 멸치볶음, 계란찜 그리고 흰 쌀밥으로 도시락을 가져가서 실컷 배를 채웠던 추억들 그 옛 이야기를 막 토해낼 듯이 내 머리에 정돈되었다.

▶ 봄소풍 출발에 앞서

오전 8시 반에 출발해 9시경 소풍 장소에 도착했다. 1~3학년 아이들이 먼저 도착하고 4~6학년 아이들이 50분 늦게 도착했다. 수송하는 버스가 한정되어 있어 그렇다. 도착하자 담임선생님이 학생들에게 주의 말씀을 한 후 자기 반 전용 장소를 지정하고 바로 풀어놓았다. 정확히 오전 9시부터 오후 2시까지 완전히 아이들을 자기 마음대로 풀어놓고 일체 간섭이 없었다. 우리나라 소풍하고 하늘 땅 차이만큼이나 달랐다. 우린 통제와 획일화로 소풍을 간섭하는데 여긴 자유와 아이들 취향대로 맘대로 즐기는 소풍이었다.

아이들을 바로 풀어놓자 이 나라 어린이한테 귀하디 귀한 놀이 기구에 수백 명이 한꺼번에 달라붙었다. 시소, 그네, 미끄럼틀, 회전목마, 구름사다리 등 현재 우리 학교에 단 한 가지 놀이 시설 기구가 없으니 자연스럽게 그 시설에 아이들이 몰릴 수밖에는. 놀이기구 타고 노는 것이 결코 안전한 것이 아닌데 끝날 때 단 한 명의 아이도 안전사고가 없는 것이 희한했다. 우리처럼 응급 약품을 가져가는 경우도 없었다. 자연에서 강하게 자란 아이들이라 그런지 회전목마를 타고 돌다 떨어졌는데도 옷을 훌훌 털고 다시 올라 노는 모습이 신기했다.

오전 10시 30분부터 수영장이 문을 열자 많은 아이들이 수영장에 뛰어들었다. 허리쯤 오는 물 깊이의 수영장에 물장구치며 물싸움 하는 게 전부다. 신기하리만큼 제 마음대로 놀았다. 어느 누구의 단 한마디 간섭도 없었다. 자유를 만끽하며 즐기는 소풍이었다. 우리 한국 학교 소풍 풍속도와는 완전히 달랐다.

점심시간이 정해져 있는 게 없다. 배가 고프면 언제든지 자유롭게 먹을 수 있었다. 친구들끼리 삼삼오오 모여 점심을 먹는 모습도 너무 보기 좋았다. 어머니가 손수 싸 준 도시락도 있고 식당에서 사온 도시락도 있었다. 먹는 아이들 모습을 보니 모두가 꿀맛이었다. 한편 수영을 하고 나서 추위에 벌벌 떠는 아이들도 제법 있었다.

우리 아이들 같으면 몰래 휴대폰이나 만지작거리는 아이들이 제법 있을 텐데 여기는 제 마음대로 즐기는 시간이었다. 특히 아이들이 배구공을 가져와 서로 그룹이 되어 토스로 서로 우정을 다지는 모습이 많이 보였다. 필자도 아이들과 어울려 배구 놀이를 많이 했다. 한쪽 축구장에서는 오륙 학년 아이들이 친선 축구 게임도 있었다. 필자도 약 30분 정도 아이들과 함께 편을 나눠 땀을 흘렸다. 모두가 재미와 감동 그 자체였다.

아이들과 함께 땀을 흘리고 나니 제법 힘이 들었는지 피로가 몰려왔다. 좀 쉬고 있는데 5학년 1반 왈데르 선생님이 같이 배구 한 판 하자고 한다. 배구 하면 자다가도 벌떡 일어나는 마니아라 바로 합류해 배구 게임을 해보니 영 아니었다. 만 3년 만에 배구공을 만지는 터라 서브, 토스스파이커 등 제대로 되는 것이 아무것도 없었다. 그러나 한 두어 세트 지나고 나서는 감이 살아났다. 현지 여러 선생님들이 '카를로스 프로페소라 무인 비엔'이라고 난리다.

이미 정년을 하고 농사일이나 돌보아야 할 나이인데 KOICA 사랑으로 예순 넘긴 부부함께 나누고 섬기고 때론 대접받으며 생활하는 내 자신에 대해 무한한 자부심을 느꼈다. 오늘 봄맞이 소풍에서 얻는 많은 교훈들은 두고두고 마음에 와닿는 감동이었다. 부족한 필자를 아이들도 선생님들도 모두 반갑게 맞아 주며 환대해준 봄 소풍은 평생 아름다운 추억으로 남을 것 같다.

▶ 수영장에서 즐거운 한때

아이들과 함께한 나홀 길 추억

시작이 반이라고 하더니 마지막 날 새벽이 밝아왔다. 이젠 오늘 오전에 타크나 시내 중심지 견학을 하고 태평양 해안선을 타고 우리 동네 아레키파로 올라가면 된다. 해발고도 약 5백 미터쯤 되는 타크나에서는 숨이 가쁘거나 머리가 띵 하는 그런 고통이 전혀 없다. 그만큼 우리 몸은 해발고도에 민감하다. 이틀 전 푸노는 해발 고도가 거의 4천 미터라 힘들었다. 마지막 날 새벽에 평소처럼 4시에 일어나 어제 일을 더듬어 가며 일기도 쓰고 스페인어 성경도 한 장 정독했다.

어제 밤 앙헬하고 알렉이 게임기를 사서 즐기는 뿅뿅 소리에 초저녁 잠을 설쳤다. 이놈들도 피곤한지 밤 11시쯤 되어서 잠을 잔다. 그 이후 나도 깊은 잠을 잘 수 있었다. 아침 7시경 식당으로 출발한다. 아무리 작은 숙소라도 요새는 와이파이가 잘 된다. 2년 전에 비해 인터넷 사정이 좋아졌다. 그래 아내와 카카오톡으로 안부도 주고받고 내가 좋아하는 스포츠 뉴스도 다 섭렵했다. 참 좋은 세상에 산다는 것을 실감했다.

오늘 특히 프로배구 삼성화재 창단 20주년을 맞아 우리카드와 게임에서 3 대 0으로 이겨 기분이 좋았다. 필자가 삼성화재를 좋아하는 이유는 5년 전 이란에 있을 때 국가대표 감독이었던 신치용 감독이 국가대표를 데리고 와 경기하면서 같이 어울려 응원도 하고 같은 숙소에서 같이 지내면서 팬이 되어 그렇다. 지금은 2선으로 물러나고 임도헌 감독이 바통을 이어 받았다.

어제 점심을 먹었던 식당에서 아침도 먹었다. 어제 저녁에는 아이들이 장난감을 산다고 정상적인 식사를 하지 못했다. 간단한 간식으로 저녁을 때운 터라 아침 밥맛이 있었다. 아이들도 그 많은 양을 다 비웠다. 아침 9시경 이제 다 출발이다. 타크나 아르마스 광장 견학을 했다. 고풍스러운 교회가 이곳 역사를 대변해 주는 듯했다. 주변 나무도 너무 잘 가꾸어 놓았다. 정성이 나무 마디마디에 고스란히 배어 있었다. 여러 가지 곤충 모양, 짐승 모양에 색깔을 더해 마치 예술 직품을 감상하는 것 같았다. 열대풍 야자나무도 분위기를 한몫 거들었다. 페루 도시 중에 가장 남미풍이 나는 도시가 바로 타크나이다.

이번 6학년 C반 여섯 머슴애들 중에서 앙헬하고 안데르송이 그래도 어른같이 행동했다. 그리고 필자를 무척 잘 도와주었다. 그래 공원에서 같이 즉석 사진을 한 장 찍었다. 그 자리에서 5분 만에 현상해 주었다. 두 아이에게 한 장씩 기념 선물해 주었더니 고맙다고 난리다. 자기들한테 졸업여행 중 한 페이지로 영원한 추억이 될 것 같아 기분이 들떴다.

이번 여행의 최고 하이라이트는 해수욕장이었다. '일로'라는 작은 도시 주변에 약 4킬로미터 정도 되는 백사장에 해수욕장이 있어 그곳에서 한 두어 시간 아이들과 태평양 바다 물에 몸을 던졌다. 태평양 해안에는 해수욕장이 워낙 많아 해수욕객은 가뭄에 콩 나듯이 별로다. 우리 아이들 약 6십여 명을 풀어놓으니 해수욕장에 금세 어울린다. 필자도 작심을 하고 수영복으로 갈아입고 아이들과 같이 바다 물에 풍덩 뛰어들었다.

수영하기에 가장 적당한 수온 같았다. 아이들과 함께 밀려오는 파도를 몇 번 탔다. 여기서는 우리나라 해수욕장처럼 개구리헤엄이나 자유형 정도로 수영을 할 수가 없었다. 파도가 좀 거세기에 그저 파도 타고 노는 것이 바로 수영이다. 아이들과 사진을 좀 찍고 싶어도 카메라가 바닷물에 잠기기라도 하면 허사이다. 그래 조심스럽게 몇 장 찍었다. 담임 다니 선생님은 멀찍이 서서 비디오카메라를 계속 돌린다. 아이들에게 기념 CD를 만들어 줄 요량이다.

아이들이 시간에 얽매이지 않고 자기 놀고 싶은 대로 마음껏 논다. 이게 인성을 기르는 참 교육인 것 같아 보였다. 모래를 파서 성을 만들고 물속에서 물싸움을 하고 또 누군가 가져온 튜브를 타고 더불어 논다. 모든 아이들 입가에 웃음과 함성이 가득이다. 필자는 타임머신을 타고 5십여 년 전 유년시절로 돌아간 듯한 기쁨을 맛보았다. 점잔을 뺀다고 사진이나 찍어주고 가만히 있는 것은 KOICA 봉사자의 진정한 모습은 아니다. 아이들과 더불어 즐기고 또 이들에게 대한민국 KOICA 자원 봉사자 카를로스 선생님 참 대단하고 좋다는 이미지를 심어 주는 것이 중요했다.

약 1시간 반 정도 수영하며 노는 자유 시간이었다. 단 한 명도 바다가 싫다고 차에 박혀 있지 않았다. 두어 명이 처음에 좀 망

▶ 잉카 돌담 유적지에서

설이더니 금세 수영복을 갈아입고 같이 풍덩거린다. 이런 멋진 해변에 샤워 시설이 전무한 것이 무척 아쉬웠다. 샤워 시설이 있긴 있는데 관리를 안 해서 영 엉망이다. 모든 아이들이 수영 후 바다 물을 슬슬 닦고 실내화의 모래를 털고 입은 옷 위에 덧옷을 입고 마무리를 한다. 우리 아이들 같으면 엄두가 나지 않은 모습이다. 그래 아이들 인성이 좋은 모양이다.

오후 4시쯤 해서 우리 동네로 차가 달린다. 한 4시간을 달려야 아레키파이다. 가는 길 풍경도 너무 아름답다. 해안가 평야에 벼농사가 시작되었다. 여기저기 모판이 보인다. 대부분 벼농사는 해안가를 중심으로 이루어진다. 일부 지역에 끝없는 사탕수수밭도 보인다. 정말 축복받은 페루다. 이런 땅에 있기에 페루에는 굶어 죽는 사람은 없다. 먹을거리 하나만큼은 너무 풍요로운 나라이다. 여기 저기 감자, 양파를 수확해 상인들 손에 넘어가기를 기다리는 포대들이 보인다. 모두가 아름답고 재미난 풍경이다.

정확히 밤 8시경에 학교에 도착해 작별인사를 했다. 학부모님들이 모두 나와 자녀들을 마중을 했다. "푸에 무이 디베르티도." 너무 재미났다고 인사를 건넸다. 학부모님들도 웃음으로 필자에게 감사 인사를 건넸다. 긴 일정 동안 한번의 어려움도 없이 무사하게 여정을 끝내게 됨을 하나님께 진정으로 감사를 드린다. 그리고 자랑스러운 KOICA 단원임을 한 번 더 확인하는 기회가 되었다.

참 복 많은 KOICA 시니어 단원

필자만큼 복 많은 KOICA 시니어 단원이 또 있을까? 예순 중반 부부함께 KOICA 사랑을 실천하는 것 또 같은 지역에서 같은 초등 분야에 봉사는 것, 봉사 기관 여러 선생님들의 따뜻한 사랑, 가르치는 아이들의 무한한 존경, 그동안 늘 감사하는 가운데 건강하게 안전하게 지금까지 온 것 등. 또 한 번도 오기 어려운 잉카 시대 돌무덤 군 실루스타니를 세 번, 티티카카 호수를 다섯 번, 잉카 시대 다산을 장려하는 추구이도 신전을 두 번 탐방했으니 복이 많다고 자부할 수밖에 없다.

그런데 자주 가면 재미가 있느냐는 반문이 있겠는데, 다시 가면 전에 발견하지 못한 새로운 사실을 알게 되고 새로운 감회가 잉태된다. 갈 때마다 동행한 사람 그리고 당일 날씨 등이 바로 변수이다. 지난번 돌무덤 탐방 때는 바람이 너무 세게 불어 추위에 오들오들 떨었는데 이번엔 석양이 지는 여유로움과 색의 조화가 과히 백만 불짜리였다. 또 많은 아이들과 같이 했으니 더 마음이 풍성했다.

2년 전 다니 선생님과 같이 여행 때 일부를 경험했지만 이번 여행은 처음부터 우리 아이들과 함께 어울려 각종 유적지와 대자연을 탐방해서 더없이 값어치가 있었다. 잉카 시대 돌무덤 실루스타니 탐방 때는 아이들이 여기저기서 사진을 찍자고 난리다. 필자가 아이들에게 인기가 있긴 있는 모양이다. 세 반 중에 어느 한 반만 좋아하는 그런 편애는 없다. 지금 소속은 6학년 C반이라도 다른 반도 내가 가르치는 똑같은 반이다. 단지 2년 전에 다니 담임과 함께 3박4일 여행했던 경험이 있어 소속하기 편해서였다.

실루스타니 돌무덤 군을 견학하고 오늘 목적지 푸노에 무사히 도착했다. 좀 늦은 시각 오후 6시 반경이다. 세 분 선생님이 대 군사인 아이들의 숙소를 구한다고 이만저만 고생이 아니다. 적은 예산으로 정해진 일정을 소화해야 하니 적정 가격의 숙소 찾기가 무척 어렵다. 30분을 헤맨 끝에 그럴듯한 숙소를 찾았다. 필자는 6학년 C반 다섯 남자아이들과 한 방을 사용하기로 했다. 이 아이들과 같이 지내는 것이 내겐 오히려 더없는 행운이었다. 혼자 방을 구해 편안히 보낼 수 있지만 나누고 섬기러 온 KOICA 자원 봉사 교사로서 마음이 허락하지 않았다.

아이들과 함께 재미난 이야기도 하고 아이들과 때론 장난도 치고 맛있는 과자도 나눠 먹는 등 이게 훨씬 더 재미났다. 또 아이들 안전 관리에도 도움이 되었다. 숙소를 배정하고 담임선생님들이 아이들이 저녁 먹을 식당을 찾았다. 한꺼번에 7십여 명을 먹일 식당을 찾아 미리 부탁을 해놓았다. 이때가 저녁 8시 30분경 그런데 누구 하나 배가 고프다고 투정을 하는 아이가 없었다. 그저 저희들끼리 장난치고 웃고 그러면서 시간을 보낸다. 저녁 준비를 하는 사이 모두가 짐정리를 하고 간단한 몸단장을 했다.

함께 늦은 시간에 저녁을 먹고 나니 9시 30분이다. 이후 식당 바로 옆에 공원이 있어 아이들과 함께 공원 산책에 나섰다. 어서 숙소로 돌아가

잠을 청했으면 했는데 담임선생님들의 아이들 사랑이 돋보이는 밤늦은 견학이었다. 한 가지라도 더 경험시키려는 담임선생님들의 열정 우리가 꼭 본받으면 했다.

여행 나와서 6학년쯤 되는 아이들이 금세 잠을 잘 턱이 없다. 뚜렷한 주제도 없으면서 그냥 잠을 자지 않고 장난치며 밤을 지새우는 것이 예사이다. 남자아이들이 여자아이들 방에 놀러가 한참 놀다가 또 여자아이들이 우리 방에 와 도란거리며 같이 논다. 담임의 통제는 전혀 없다. 너무도 자유로운 분위기이다. 그렇다고 이상한 짓을 하려는 의도는 추호도 없다. 필자가 바로 옆에서 지켜보니 오히려 필자의 마음이 열리는 것 같았다. 통제와 간섭에 익숙한 우리 아이들과 달리 평소 생활에 적응하는 모습이 자유로웠다. 담임선생님이 밤 1시 안에는 자야 내일 여행을 갈 수 있다는 지시에 그대로 따랐다.

아이들과 첫날밤을 같이 지내면서 타임머신을 타고 5십여 년 전 내 유년 시절 초등학교로 돌아 간 듯한 행복감이 막 밀려왔다. 순수와 자유 그리고 인정이 함께한 시간은 예순 중반을 살아가는 필자에게는 너무도 행복하고 즐거운 시간이었다. 아이들이 떠들고 노는 모습이 오히려 정감이 갔다. 단 한마디도 꾸지람은 없었다. 모두가 하나되어 첫날 처음 출발부터 잠자리에 들기까지 모든 것이 행복했고 감사했다.

세상에서 제일 높은 곳에 위치한 티티카카 호수

지진 대피 훈련을 하며

2015학년도 마지막 음악 발표회의 감동

오늘 12월 18일(금) 디아 델 로그로(성과 발표회)에 많은 학부모님들을 모시고 6번째 마지막 발표회를 가졌다. 2015학년도를 마무리하는 여러 악기와 함께하는 음악 발표회였다.

두어 달 전에 우리 학교 개교기념일에 발표한 내용과 일전 12월 17일(목) KOICA 협력활동 일환으로 한테르(Hunter) 지역에서 발표한 내용을 엄선해서 오늘 발표했다. 작년 이맘때와 비교하면 아이들의 악기 연주 실력과 노래 부르는 실력이 얼마나 많이 향상되었는지를 금세 알 수 있었다.

그동안 아이들을 가르치면서 받았던 좀 힘들었던 순간들이 오늘 6번째 연주회를 통해서 확 날아간 것 같아 마음이 더없이 가벼웠다. 오늘 발표한 내용은 입장에서 퇴장까지 다음 표와 같은 내용으로 진행되었다. 약 2십여 분에 가까운 진지하고 재미난 발표회였다.

- marchando 입장(noche de paz) : 고요한 밤 거룩한 밤
  1. Los pollito dicen 병아리가 말했다.
- saludos 인사
  2. 리듬합주(kuen buguel ulyeora) : 큰북을 울려라.
  3. hand bell 핸드벨 연주 : 작은 별, 곰 세 마리, 그대로 멈춰라

4. flauta 라코더 연주 : 아리랑, 도라지, 즐거운 나의 집, 퍼프와 재키, 고요한 밤
5. violin 바이올린 연주 : 작은 별, 나비야, 주먹 쥐고, 아리랑
6. RODOLFO EL RENO (BAILAR) : 다 같이 루돌프 사슴 코 노래와 함께 춤을

■ marchando 퇴장 (campana sobre campana) : 종소리 울려라

전교생이 한 악단이 되어 춤추고 노래 부르고 악기 연주하고 신바람 나는 연주를 했다. 특히 성탄절을 축하하는 산타 모자를 모두 쓰고 발표를 하는 모습은 무척 귀엽고 흥겨웠다. 일이 학년 아이들은 음악에 맞춰 시종 율동으로 분위기를 살려주는 모습도 무척 귀여웠다. 삼사 학년 리듬악기, 핸드 벨 연주는 누구 하나 박자를 놓치지 않고 자연스럽게 자기 차례 때 흔들어 주었다.

아이들이 이방인 선생님에게서 배운 노래를 악기로 연주하는 모습을 바라보는 학부모님들 입가에는 잔잔한 미소가 번져 나오는 모습을 바라보며 더 없이 보람되고 자랑스러웠다.

이 땅에서 예순 넘긴 부부함께 KOICA 사랑을 실천하며 과연 낮은 자세로 나누고 섬길 수 있을까 하는 걱정들이 앞을 가로막는 듯했으나 음악 교육 봉사 2년 반째 접어들면서 참 잘 선택했구나, 참 재미났구나, 앞으로 더 잘할 수 있을 것 같구나 하는 생각이 절로 들었다.

내년 4월 말에 1년 연장 선물을 더해 3년 봉사 임기가 끝나는데 이 땅에 다시 올 수만 있다면 다시 오겠다는 마음이 절실히 들었다. 이 땅의 아이들과 음악 가르치는 봉사가 너무도 재미나서. 오늘 성과 발표회 식전 행사 때 1년 동안 열심히 음악 공부를 한 학생들 중 각 반에서 2명씩 총 22명 아이들을 뽑아 필자가 마련한 작은 학용품을 선물로 주었다. 받

▶ 태극기가 선명한 무대에서

은 아이들 입가에 막 노래가 튀어나올 것 같은 분위기였다.

오늘이 있기까지 현장활동비를 지원해준 KOICA 당국, 그리고 우리 학교 마틸테 교장 선생님의 천심 같은 마음으로 각종 편의를 제공해준 도움들, 코워커 릴리안 선생님의 헌신적인 협조 그리고 옆에서 늘 '잘 할 수 있어' 라고 든든한 응원을 해준 남편에게 진심으로 감사를 드린다.

제2부

현지에서 더불어 삶 이야기

수도 리마 빈민촌 산마을(Puente Piedra)을 찾아 그들과 함께

아침 7시 반에 대사관에 모여 프랑스 자원봉사자들과 함께 수도 리마 수도 북쪽 산마을 '푸엔테 피에드라'라는 마을을 찾아 그들을 한나절 정도 돕기로 했다. 아침을 평소보다 1시간 빨리 먹었다. 젊은 단원들이 좀 힘들어하는 눈치다. 봉사하는 데 자기의 평안을 다 따지만 진정한 봉사를 할 수 없다.

대사관에 도착하니 프랑스 자원봉사자 소장 카를로스와 오딜로라는 흑인 여성 코디가 먼저 우리를 기다리고 있었다. 서로 인사를 나누고 오늘 일정에 대해서 설명을 들었다. 소장은 프랑스 국적을 가진 사람이 아니다. 자기 부모님이 프랑스 국적인데 자기는 페루 국적을 가졌단다. 오딜로는 프랑스인으로 자원봉사자를 옆에서 적극 도와준단다. 모두가 웃음이 가득한 얼굴에 진정한 자원 봉사자 냄새가 물씬 났다.

8시 반에 대사관을 출발해 목적지로 향한다. 목적지까지 1시간이 걸리는 제법 먼 거리다. 처음 도착한 곳이 프랑스 자원봉사자 사무소이다. 사무소라고 하지만 민간 기관에서 지원하는 그야말로 검소하고 아기자기한 사무소였다.

여기에 봉사하는 사람이 모두 7명이란다. 모두가 자기가 맡은 분야가 다르다. 어떤 이는 전통 기념품을 만들어 소득을 올리고 빈민가에서 집을 지어주는 데 힘을 합하고 교육의 힘이 닿지 않은 곳의 어린이들을 모아 놓고 유치원과 방과 후 교육을 시키고, 또 주민 건강을 돌봐주는 보건 사업도 한다. 우리보다 범위는 좀 작은 것 같아도 하는 내용에서는 오히려 더 깊이가 있어 보였다. 어떤 봉사자는 2십 년째 힘을 합하고 있단다.

우리 단원을 극진히 맞아 준다. 자기 사무소에서 운영하는 식당에서 커피와 빵을 내와 대접을 한다. 프랑스 자원봉사자 마크가 선명한 티셔츠도 선물한다. 우리가 드릴 선물은 그들이 집을 짓고 있는 장소에서 주변에 널려 있는 돌을 치워 주는 일이다. 말 그대로 육체 봉사인 셈이다. 사무실을 나와 차가 코가 닿을 만큼 급한 경사 도로를 한참 타고 오른다. 그 옛날 서울 봉천동 달동네보다 못한 마을이었다. 절벽을 깎아 터를 만들어 얼기설기 집을 지었다. 다행히 비가 오지 않아 홍수 염려가 없어 그렇지 큰비가 오면 단번에 와르르 무너지겠다.

주변 산등성을 따라 지어진 집에 사는 주민이 모두 2만 명에 가깝단다. 오늘 우리들이 방문한 마을은 약 110여 가구가 조합을 구성해 '손에 손 잡고(Mano a mano)'라는 표어 아래 뭉친 마을이었다. 언덕배기에 한 곳을 구입해 자기들이 손수 유치원과 도서실을 지어 교육이 취약한 이곳

▶ 봉사하다 잠시 현지인들과

아이들을 케어하고 있었다. 진정한 봉사의 참맛을 보는 것 같았다. 너무도 열악한 환경을 극복해 가며 더불어 봉사하는 모습은 우리들의 마음을 더욱 강하게 만드는 것 같았다.

빈터에 아이들 놀이터를 만들고 실내 작은 공간에 5세 미만 아이들 보육시설도 만들고 작은 도서관을 만들어 아이들을 내 자식처럼 돌보고 있었다. 이들의 사명감은 정말로 눈물겨울 정도로 투철했다. 섬김과 나눔의 참 정신을 엿볼 수 있었다. 카를로스 소장님의 안내를 받아 그들이 일구어 놓은 사업 혹은 진행 중인 사업들에 대해 자세히 설명을 듣고 더불어 점심을 먹었다. 이 점심도 그들이 운영하는 식당에서 직접 만들어 공수해 왔다.

점심 후 우리 모두는 가벼운 옷차림으로 그들이 짓고 있는 집 주변에 산더미처럼 쌓여 있는 돌을 손에서 손으로 운반해 필요한 장소에 옮겼다. 몸으로 때우는 육체노동이다. 평소 농사일에 익숙한 나는 오늘 일 중에서 제일 하기 힘든 삽질과 곡괭이질을 도맡아 했다. 누군가 자기가 해보겠다고 나서다 단 1분도 안되어서 손을 놓고 말았다. 일하는 데는 요령과 힘이 있어야 가능하다. 건조한 기후에 먼지가 마치 연기처럼 피어오르는 흙더미를 무너뜨려 마대 위에 흙 돌을 얹어 주는 일도 보통이 아니다. 이 일은 희충이가 맡았다. 어느 한 사람 게으름을 부리는 사람 없이 전심을 다해서 일을 도왔다.

두어 시간 흙 돌을 나르다 보니 여기저기서 힘들다고 한다. 당연히 힘든 작업이다. 땀을 흘려 보아야 진정한 봉사의 의미를 되새길 수 있고 자신감이 붙는다. 이런 형태의 봉사는 내 체질이다. 시골에서 흙과 더불어 산 밑천 때문에 오늘 작은 땀방울은 그저 워밍업 정도였다. 누군가 몸살이 날 거라며 걱정을 하지만 난 오히려 가벼운 운동을 한 것같이 몸이 더 가볍다.

내가 이 땅에 온 목적이 바로 이런 봉사를 실천하는 것이다. 진정한 봉사는 자기를 죽이고 낮은 자의 눈에 맞추고 그들의 삶을 그대로 수용하고 같이 어울리는 것이다. 내 유년 시절 한국전쟁 이후 너무도 가난한 생활을 경험했던 나로선 이 정도 봉사면 어떤 어려움이 있어도 극복해 낼 자신이 있었다. 우리 14명의 단원은 오늘을 경험 삼아 1달 반 후에 각자 임지로 파견되어 최선을 다하여 우리나라 이미지 제고와 자신과의 싸움에서 꼭 이겨 봉사의 아름다운 열매를 풍성히 맺길 기대해 본다.

▶ 같은 단원들과 함께

페루 시골 마을 재래시장 모습은 어떨까?

사람이 사는 곳은 세상 어디나 시장이 있고 만남이 있고 사랑이 있다. 서로 사랑하고 그리고 가정을 이루고 무언가를 생산해서 돈을 만들고 부를 축적하고 그리고 물물교환 장소로 시장이 서고 떨어져 있던 친척도 친구도 만나고 이런 모습은 세상 어디를 가나 똑같다.

필자가 페루에 살면서 가정 즐겨 찾는 특정 지역 한 곳 꼽으라면 단연 우리 학교 옆 리오세코 시골 재래시장이다. 이 시장은 우리 학구에 있기도 하고 학교에서 북쪽으로 한 정거장 1킬로미터 정도만 가면 있는 정말 시골 정취가 가득 배인 시골 전통 시장이다.

여긴 가까운 태평양 연안 카마나, 모헨도라는 갯가 마을 바다에서 갓 잡아온 각종 물고기들의 천국이라 더 정감이 간다. 그도 그럴 것이 필자의 유년 시절의 추억들이 바닷가와 재래시장의 정감 넘치는 모습에서 많이 형성되었으니 마음이 끌릴 수밖에는. 바닷가에서 태어나 고등학교까지 바다 갯냄새를 벗 삼아 성장해 왔으니 그 향수를 어떻게 잊고 살겠는가?

코발트 빛 남해안 하얀 물결이 부서지는 해안가는 유년의 꿈을 여기 재래시장에서 다시 추억을 되살릴 수 있으니 더 정감이 간다. 고기 반 물 반인 태평양 연안에서 갓 잡은 싱싱한 물고기를 즐겨 사서 먹을 수 있으니 얼마나 재미나겠나? 또 하나 시골 마을 장터에서 유년의 향수를 달래면서 사는 각종 물건과 낯선 사람들과 만남이 있어 그렇다.

지금까지 이 장터에서 장를 보는 횟수가 벌써 대여섯 번 된다. 처음 한두 번은 장을 찾았지만 장이 형성되지 않아 헛걸음했다. 주민 한 사람을 붙들고 언제 가면 확실히 장을 볼 수 있느냐 했더니 오전 중이란다. 상설 시장인데 오전 12시경까지가 피크란다. 그래 주로 주말 오전 9시경 아내랑 풍물 기행 삼아 이 시장을 주로 찾았다.

이번 주말에 아내랑 다시 한 번 더 이 시장을 찾았다. 시계를 보니 오전 10시다. 우선 시장 주변에는 재래시장으로 장 보러 온 차들로 도로 주차장이 빼곡하다. 이 시골 장터에 낯선 이방인 부부가 찾아왔으니 모두가 '헬로' 하며 반긴다. 시장 입구에서 채소, 과일, 촌 계란을 파는 한 중년 아주머니는 안면이 있다고 손까지 쑥욱 내밀며 악수를 청한다. 촌닭 계란, 촌 거위 알, 촌 오리 알이 있다고 어서 사란다. 방금 수확해온 유카(고구마와 비슷한 뿌리), 감자가 있다고 사란다.

시장 안으로 들어가면 촌사람들이 사는 데 필요한 물건은 다 있다. 상점들이 번지르한 모습은 아니지만 인정이 가득 배인 풍경이다. 주로 농촌에서 생산하는 무공해 농산물들이 대부분이다. 아레키파 시내 큰 백화점보다 반값이다. 햇감자 1킬로그램이 우리 돈 5백 원 정도이다. 한 5킬로그램 사면 한 6킬로그램 정도 넘치게 준다. 그리고 비닐봉지에 마지막 감자를 넣을 때 굵은 것 하나 더 넣어주는 인정을 베푼다.

정육점에 들려 돼지고기와 소고기도 산다. 요새 물가가 쑥욱 올라 소고기 1킬로그램에 아레키파 시내에서는 우리 돈 7천 원 정도 하는데 이곳에서 아직도 11솔(4천5백 원)원 정도이다. 고기 질도 훨씬 싱싱하다. 사람들도 친절해 저울에 달 때 늘 풍성히 달아 준다. '크리스티앙'이라는 젊은이가 운영하는 정육점은 단골 가게이다. 간혹 짜이라도 한 잔 얻어 마시고 싶어 들어가면 갓 잡은 어린 양고기가 있다고 사라고 권한다.

또 한쪽엔 수산물 시장이 열렸다. 가까운 태평양 연안 카마나, 모헨도라는 도시에서 갓 잡아온 각종 고기들이 지천이다. 우리에게 낯익은 고기들도 지천이다. 고등어, 전어, 숭어, 가자미, 조기, 왕 오징어, 왕 문어 등 여기에 필자가 좋아하는 자연산 홍합도 한 자리를 차지했다. 각종 고기들 가격이 1킬로그램에 우리 돈 이삼천 원 정도이다. 특히 자연산 홍합은 1킬로그램에 우리 돈으로 1천 원 정도이다. 일전에 전어가 하도 싱싱해 홍정을 했더니 1킬로그램에 2솔 우리 돈 8백 원이다. 최대로 굵은 놈 여섯 마리가 2킬로그램 정도이다. 살아서 펄떡거린다.

이 어시장을 빠져나가면 완전히 시골 장터 대명사 격인 노점상 난전이다. 이 난전에서 거래들이 대부분 이루어진다. 시골 할머니들이 손수 가꾸어 가져와 파는 채소와 과일들이 모양새는 볼품없어도 그 속은 훨씬 더 단단하고 순수하다. 시장 안에 비해 가격도 절반이다. 얼른 팔고 가려는 듯이 고구마 한 바구니를 2천 원만 내란다.

여기저기서 물건을 사라고 조른다. 촌계란(자연산)을 사라고 손을 내민다. 1개 우리 돈 1백 원이다. 한 할머니로부터 한 서른 개 샀다. 크기가 일정하지 않다. 어떤 건 닭똥이 많이 묻었다. 그래도 순수한 시골 자연산 계란이라 군침부터 돈다. 할머니는 이걸 팔아 손자 손녀들 차비도 주고 용돈도 주는가 보다. 팔면서 연신 웃음과 사랑을 함께 담아 내게 건넨다.

저기 한쪽에서는 닭, 오리, 거위를 사라고 한다. 촌닭들이 줄줄이 줄에 묶여 새 주인을 기다린다. 필자 어린 시절 시골 장터를 그대로 옮겨 놓은 듯하다. 이것뿐이겠나. 먹자골목에 페루 전통 음식들이 불티나게 팔린다. 우리나라 회와 비슷한 세비체와 찬초(돼지고기 볶음) 음식이 인기 만점이다.

두어 시간 시골 장터의 훈훈한 정을 가슴에 가득 퍼담았다. 이것저것 별로 필요 없으면서도 인정에 끌려 산 물건이 라면 박스보다 큰 박스에 가득이다. 우리 어머니, 우리 이웃 할머니들을 만나고 돌아가는 기분이다. 오늘 물건 판 분들 중에 우리 학교 학부모님들도 제법 있을 텐데 누군지는 모르지만 앞으로 장사를 더 잘해 지금보다 더 잘살길 간절히 기도해 본다.

▶ 페루는 과일 천국이다.

▶ 태평양 연안에서 잡힌 물고기들

▶ 게도 보인다.

▶ 인심이 풍성한 시장 모습

아레키파 하늘을 넘나든 KOICA의 태권도 시범

선배 단원으로 이 땅에서 태권도 협력단원 봉사요원으로 와서 봉사하고 있는 배준수 단원이 있다. 그는 다음 달 귀국을 앞두고 아레키파 중앙체육관 콜리세오(Coliseo)에서 지금까지 자기가 지도한 제자들 그리고 수도 리마에서 태권도 봉사단원인 장세운 사범과 그의 일부 제자들과 함께 태권도 시범 공연이 있다는 연락을 한 2주 전쯤 받았다.

배 단원은 KOICA 협력봉사요원으로 선발되어 이 땅에 있는 젊은이들에게 한국의 국기인 태권도를 전수하는 임무를 띠고 그동안 최선을 다해서 봉사를 계속해 왔다. 배 단원은 한국 용인대 태권도학과 선수 선발 특별전형으로 입학해 3학년 재학 중 KOICA 협력요원으로 선발되어 이 땅에 왔다. 그는 현재 태권도 공인 4단이란다. 그야말로 섬김과 나눔의 KOICA 본래 정신을 구현하는 데 최선을 다한 책임감이 무척 투철한 젊은이다.

필자가 배 단원을 처음 만난 것은 지난 6월 10일 아레키파 현지적응훈련 차 일주일간 이곳을 방문했을 때이다. 필자가 봉사할 기관 방문 그리고 집 구하기 등 귀찮은 일을 자기 일처럼 옆에서 도와주는 남을 배려하고 섬기려는 자세가 너무나 좋아 한눈에 반하고 말았다. 또 배 사범이 봉사하고 있는 체육관이 필자 집에서 그리 멀지 않아 주변 젊은이들을 만나 이야기를 들어 보면 칭찬 일색이다.

이런 배 단원이 오늘 자기가 그동안 지도한 한 십여 명의 제자들과 수도 리마에서 KOICA 협력봉사요원으로 봉사하고 있는 장 단원과 콤비를 이루어 태권도 시범을 펼친 것이다. 그전에 여기 봉사하는 8명 단원들에게 오늘 시범 응원 차 올 때 꼭 한복을 입고 오란다. 그래 우리 부부는 준비해 온 한복을 정성스럽게 차려입고 체육관을 찾았다. 우리 외 세 분의 여선생님들이 한복을 차려 입었다. 오늘 행사는 태권도와 한복이 어울린 그야말로 한국의 이미지를 알리는 너무도 좋은 기회였다.

식전 행사로 지금까지 지도한 제자들의 태권도 품세 대회가 있었다. 둘 혹은 서넛 선수들이 짝을 이루어 품세 경연을 벌인다. 많아야 열댓 살 정도 어린 학생들이 펼치는 품세 시범은 무척 절도가 있고 힘이 넘쳐나 보였다. 시범을 보이는 아이들 구호가 전부 한국 말이다. '차렷, 준비' 등. 제자들이 여태껏 지도해준 사범한테 대하는 예의는 한국 태권도 도장에서 볼 수 없을 정도로 매우 깍듯했다. 금세 배 단원의 지도력을 읽을 수 있었다.

오늘 행사를 참관하기 위해 약 1천여 명 정도의 관중들이 모였다. 선수를 내보낸 가족과 친척들, 여기에 각 학교 젊은 학생들의 참여가 많았다. 수도 리마보다 여기 아레키파에 태권도 도장이 더 많단다. 도장이 한 열 개 이상 있단다. 여기 지도하는 사범들 대부분이 한국 태권도 사범으로부터 세기를 지도받았단다. 그 중심에 배 단원이 우뚝 서 있다. 그러기에 여기 아레키파는 그만큼 태권도 열기가 일본 가라테를 압도한단다. 얼마나 자랑스러운 우리 KOICA이고 국기인 태권도인가?

도복에 KOREA가 선명하다.

현지인들이 태극기를 들고 응원하며

품세 경연이 끝나고 12시 30분경 드디어 배 사범과 장 사범이 지도한 제자들과 더불어 한국 태권도의 찬란한 시범이 시작되었다. 응원 차 온 우리 KOICA 단원들은 모두 시범대 바로 앞자리에 자리를 잡았다. 그것도 화려한 한복을 입고. 한국 전통 민요 아리랑 가락이 은은히 울려 나온다. 이 음악에 맞춰 열댓 명의 선수들의 품세가 공연되었다.

이역만리 지구 반대편 페루 땅에서 한국의 아리랑 가락을 들으며 태권도 시범을 참관하는 순간 눈에 눈물이 핑 돌았다. 외국에 나가면 다 애국자가 된다는 말이 실감났다. 품세 시범은 그야말로 일사분란했다. 모두가 하나이고 모두가 힘을 합해서 구호를 외쳤다. 모두가 진지했고 태권도가 한국의 국기라는 것을 알고 있었다. 저기 한 응원석에서 태극기를 든 젊은 학생들이 '코레아'라고 외친다. 그것도 감동이었다.

이어서 다양한 격파 시범이 있었다. 난이도가 쉬운 것부터 시작되었다. 우리가 흔히 보는 태권도 격파 시범과는 차이가 있었다. 제자들을 많이 참여시키고 KOICA 두 사범은 정말 고난도 시범만 참여했다. 특히 배 사범이 3 대 1 대련에서 상대방들을 고난도 태권도 기술로 제압하는 시범은 무척 감동적이고 홍미로웠다. 배 사범이 날아 뛰어서 연이어 송판 7장 연달아 격파하는 묘기는 오늘 시범의 하이라이트였다. 또 장 사범의 공중 1회전 후 두 발로 송판 격파하기도 무척 고난도 기술이었다. 그럴 때 관중석에서 우레와 같은 박수가 쏟아졌다.

약 4십여 분에 걸친 묘기에 가까운 시범이 끝나자 오늘 참석한 모든 관중들이 자리에서 일어나 격려의 박수를 보낸다. 단원 중 필자가 제일 연장자라 바로 공연장으로 들어가 두 사범과 선수들 손을 잡아 주고 등을 두드려 주었다. 이어서 아내 그리고 미술 교육 정 선생님 시니어 여자 단원 두 분들도 공연장으로 나와 한껏 격려를 해주었다. 얼마나 아름다운 모습인가?

한국을 알리는 프로그램으로 이만한 이벤트가 또 어디 있겠나? KOICA 본부 지원을 특별히 받거나 후원 없이 자기 호주머니를 털어 자발적으로 이런 행사를 계획하고 주최한 배 준수 단원의 헌신은 KOICA의 귀감이 되고도 남겠다. 오늘 태권도 시범 행사를 통해 얻은 소득은 한두 가지가 아니다. KOICA 본래 목적인 대가 없이 섬김과 나눔의 덕목이 그대로 반영되었고 대한민국의 이미지를 제고하는 데 크게 기여하였다고 생각된다. 또 하나 아레키파 9명의 단원이 더욱더 협력하고 하나되는 계기가 되기도 했다. 아들딸 같은 젊은 단원들의 기상이 너무도 가상해 부부 함께 시니어단원인 필자는 이곳의 그럴싸한 음식으로 이들을 초대해 거나하게 늦은 점심을 대접했다. 너무도 감동적인 하루였다. 이 감동이 늘 계속되었으면 한다.

아레키파 밤을 수놓은 피아노 선율

남미 페루 제2의 도시 아레키파가 지금 들썩이고 있다. 안데스 산맥의 고원지대 비옥한 평야에 오는 8월 15일이면 주도로 도읍한 지 473년이 되는 날이다. 이날을 기념하기 위해 시는 갖가지 행사를 준비하고 있다. 그 행사 일환으로 지난 일요일 오후에 이곳 최고 명소 아르마스 광장에서 각 지역 고유 특산품 전시회와 고유 전통 춤 시연이 있었다.

이후 시에 속한 각 구청에서는 자체적으로 행사를 준비해 자기 구민 위로 행사를 가졌다. 필자가 사는 야나우아라(Yanahuara) 지역은 아레키파 중에서도 살기 좋기로 이름난 구이다. 오늘 저녁(현지 시간 2013년 8월 9일 저녁 6시 30분) 필자가 사는 구에서 구민들을 위한 야외 음악회가 열렸다.

음악회는 구청이 있는 자그마한 공원 광장에서 특별하고 요란한 장식 없이 페루답게 수수하게 열렸다. 오늘 음악회가 열려지는 데 결정적인 역할을 한 분이 바로 박혜영 단원이다.

박 단원은 음악 교육 분야에 약 2년 전 이 땅에 섬김과 나눔의 봉사 정신을 실천하기 위해 이곳에 와 오늘 음악회를 주관한 야나우아라 지역 대학생들을 가르치는 정말 이름난 음악 선생님이시다. 박 선생님은 초등학교 때부터 피아노와 가깝게 지내면서 그 재능이 대학교, 대학원까지 이어지면서 오늘에 이르게 되었다. 우리가 흔히 말하는 아마추어 중 최

▶ 이 합주단에 음악 교육 안 단원도 참가했다

고 피아니스트이다.

박 선생님이 오늘 밤 음악회에 출연한 아레키파에서 이름난 세 분의 성악가가 부르는 세계 명곡 혹은 페루 전통 가곡 13곡 반주를 혼자서 흔들림 하나 없이 소화를 해냈다. 한마디로 환상적인 반주였다. 필자가 그동안 많은 음악 연주회에 참석해 보았지만 오늘처럼 자신감에 넘치고 여유 있게 반주하는 모습을 본 적은 없다. 우리처럼 화려한 그랜드피아노로 반주하는 것이 아니라 그저 평범한 디지털 피아노로 연주하는 모습은 더없이 훌륭해 보였다. 반주를 하는 동안 시종 웃는 얼굴로 청중의 시선을 사로잡았다. 모든 순서 이후 구청장님은 세 분 성악가와 우리 박 선생님을 아레키파 야나우아라 구청 명예시민으로 선정한다며 영광의 배지를 달아 주며 칭송하여 무척 감동적이었다.

▶ 음악회 참석 후 잠시 단원 단합

필자가 처음부터 음악회를 지켜보면서 부부함께 KOICA 사랑을 실천하고 있는 햇병아리 시니어 단원으로 받은 감동은 이만저만이 아니다. 소프라노, 테너, 바리톤 세 분의 성악가 구미에 맞게 반주를 하려면 얼마나 피나는 노력이 필요했겠는가? 취향이 다르고 개성이 다른 분들의 음악성을 살려 반주한다는 것은 여간 어려운 일이 아니다. 이 시간이 있기까지는 KOICA의 나눔과 섬김 그리고 자기를 온전히 내어 주는 봉사 정신이 아니고는 불가능하다.

필자가 이곳에 닻을 내린 지 불과 한 달 반 그 사이에 태권도 배준수 단원의 아레키파 하늘을 넘나든 정말 멋진 태권도 시범 행사 그리고 오늘 음악회 행사는 우리 KOICA의 위상을 한껏 높인 행사라고 자부하고 싶다. 이국 땅에서 누가 대한민국 KOICA를 쉽게 알겠나?

스스로 자기 재능을 기꺼이 기부한 배준수 단원 그리고 오늘 음악회 반주자로 하이라이트였던 박혜영 단원은 우리 대한민국의 정말 자랑스럽고 자랑스러운 KOICA 젊은 단원들이다. 그리고 여기 한 형제자매만큼이나 끈끈한 끈으로 이어진 9명의 단원은 오늘 밤 음악회에 모여 다시 한 번 더 KOICA 사랑을 나누었다. 모두가 하나요. 모두가 대한민국의 애국자라는 것을 굳게 다짐했다.

사랑하는 마음이 있으면 또 만납니다

어제(토요일) 아레키파 대성당 박물관을 관람할 때 우연히 네덜란드 중년 부부를 만나 함께 여행을 했다. 우리 나이 또래쯤 되어 보이는 부부와 여행 중간중간 이런저런 이야기를 나누었다. 참 지적이고 예의 바른 부부 같았다. 남편은 다리가 좀 불편한 아내를 연신 부축하며 천천히 그리고 역사를 음미하며 여행하는 모습이 무척 보기 좋았다. 우리 부부보다는 훨씬 더 부부의 정이 두터워 보였다.

여행을 끝내고 서로 헤어지면서 'have a nice trip' 'have a good your walk'라고 몇 번이고 인사하고 헤어졌다. 속으로 참 금실 좋은 부부를 만났다고 생각했다. 정말 본받을 만한 중년 부부의 여행 모습이었다. 부부가 단체여행에 합류하지 않고 개인적으로 해외여행에 하는 데 우리 부부만큼 많은 곳을 탐방한 부부가 우리 주변에 또 있을까? 4십여 년간 같이 살면서 전 세계 6십여 개국을 같이 돌아다녔으니 어지간하다는 소리를 들을 만하다. 거기엔 우즈베크 한국교육원 3년, 이란 테헤란 한국학교에 4년 총 7년 해외 근무라는 특혜가 있어서 그렇기는 하다. 이런 이력 때문에 객지에서 여행하는 사람들을 만나면 괜히 내일처럼 관심이 가는 것이 인지상정이다.

그런데 오늘 주일(11일) 어제 아레키파 대성당 박물관 탐방 시 만났던 네덜란드 중년 부부를 또 만난 것이 아닌가? 교회 예배를 끝내고 시내버스를 타기도 그렇고 아내랑 둘이서 세상 사는 이야기를 하면서 슬슬 걸어서 우리 집으로 오고 있는데 우리 집으로 오는 길목 공원에서 두 양반이 서성이고 있는 게 아닌가? 하도 반가워 나도 모르게 '헬로 마리안' 하고 소리를 질렀더니 두 부부가 깜짝 놀란다. 어제 만나 통성명을 할 때 남편 존함은 잊어버렸고 마침 부인 이름이 기억나 반갑게 불렀더니 자기들도 화들짝 놀란다.

사람이 사랑하는 마음이 남아 있으면 그냥 지나가지 않는 것이 세상 이치이다. 이 양반들도 웬일이냐며 그냥 반가워서 어쩔 줄 모른다. 자초지종을 이야기하고 당신들은 웬일로 여기서 서성이냐고 했더니 아레키파 명소 카르멘 알토(최고 전망대)라는 곳을 가보려고 한다고 했다. 그래 어떻게 가는지 몰라 여기서 가는 길을 묻고 있는 중이란다.

그러면 우리가 안내하겠다고 나서니 너무 좋아한다. 우리 집에서 한 2킬로미터 정도 올라가면 되는 곳이다. 휴일이라 시내버스도 뜸하고 해서 택시를 타고 4명이 함께 갔다. 이 양반들 좋아서 어쩔 줄 모른다. 오래 알고 지낸 친구같이 서로가 마음 문을 열고 서로 감사의 말을 주고받는다. 자기들이 차비를 내겠다고 나서기에 '무슨 말씀을? 당신들은 오늘 우리 손님입니다. 손님은 가만히 대접을 받으면 됩니다' 하고 위로를 하고 전망대로 향했다.

이들이 원했던 전망대에 도착하자 연신 '비유티플' 하고 소리를 지른다. 같이 기념 촬영도 했다. 한눈에 들어오는 시내 모습 그리고 저마다 특징을 가진 안데스의 고봉들이 우리를 맞는다. 언제 보아도 정감이 가는 자연 풍경이다. 왼쪽부터 찬찬히 미스티, 피추피추 산을 자세히 소개해 주니 네덜란드에서는 산이 거의 없단다. 바다보다 낮은 평지가 전부란다.

의자에 앉아서 서로들 가정사 이야기를 주고받는다. 우리 가정은 이렇고 자기들 가정은 이렇다고 이야기를 한다. 우리 나이쯤으로 보였는데 우리보다는 서너 살 아래였다. 자녀들은 20대 중반이란다. 아들이 둘이란다. 두 아들 직업이 프로그래머, 엔지니어란다. 수도 암스테르담에 살다가 지금은 한적한 시골에서 산단다. 시골에서 자그마한 농장을 경영하며 산단다. 이런저런 이야기가 흘러가다가 축구 이야기로 이어졌다. 자연스럽게 네덜란드 출신 히딩크 감독과 박지성 이야기 나오니 더 자세하게 칭찬이 줄줄 이어진다. 축구에 관한한 남편 존이 얼마나 해박한지 금세 시간이 흘러갔다.

약 1시간가량 자선 안내를 끝내고 택시를 하나 잡아 목적지까지 부탁하고 우리는 우리 집으로 왔다. 헤어지면서 혹시 훗날 한국을 여행하는 경우에 꼭 연락하라고 메일 주소를 건네주었다. 오며가며 돈이 몇 푼 들었는데도 어디 옛 친구를 만난 것처럼 기분이 좋았다. 역지사지로 내가 여행을 하다가 이런 경우를 만났다면 얼마나 기분이 좋겠나? 언젠가 꼭 은혜를 갚아야지 하는 마음이 생기지 않겠나? 사랑하는 마음이 있으면 언젠가는 다시 만나는 것이 인연이다. 부부가 천천히 재미난 잉카 여행을 하고 무사히 돌아가길 간절히 기도해 본다.

그런데 오늘 아침에 메일을 열어 보니 이름 모를 한 양반이 유창한 영어로 메일을 보내왔다. 천천히 자세히 읽어 보니 어제 만났던 네덜란드 부부가 금세 감사 편지를 보내왔다. 보통 지나치다 만난 사람들에게 명함 메일을 건네기도 하는데 좀체 답이 없는 것이 보통인데 이 양반들은 정말 진심을 담아 메일을 보내 왔다. 그 메일 내용이 다음과 같다.

Dear Mrs. Hong and Mr. Ju, (we hope we spell your name right)

We would like to thank very much for your help and kindness to us, just complete strangers to you from Holland travelling through Peru and visiting the beautiful city Arequipa.

We are very glad to have met you both.

Tomorrow we will leave Arequipa and fly by plane to Lima.

We hope we can stay in contact with you by mail or facebook or perhaps meet again somewhere in the world. Who knows maybe in the Netherlands or South Korea.

We wish you much success in your work here in Arequipa and good luck and good health to you.

yours sincerely,

Marianne and Anis Selanno

Sent from Windows Mail

필자도 곧 답장을 보낼 요량이다. 편지 내용처럼 훗날 네덜란드나 한국에서 다시 만나는 기회가 꼭 있길 간절히 기대해 본다.

대성당 옥상에서 바라본 아르마스 광장

엉겁결에 만난 네덜란드 부부와 함께

채일락 집을 우연히 찾아본 감회

어제에 이어 오늘도 학교가 쉬었다. 어제보다는 좀 덜해도 여전히 황사가 심하다. 여기 아레키파 교육청에서 라디오 방송을 통해서 휴교 사실을 어제 밤에 알렸다. 아내가 봉사하는 아르테가 학교 교장 선생님이 어제 저녁에 전화로 연락을 주셨다.

그래도 필자는 오늘 아침에 평소처럼 학교로 향했다. 휴교인데도 출근한 이유는 우리 아이들이 어느 동네에 사는지, 아침마다 차를 타고 등교하는데 거리는 얼마나 되는지, 가정형편은 어떤지를 한번 살펴보고 싶어서였다.

학교에 도착하니 여전히 라디오 방송 내용을 모르고 등교한 아이들이 교문에서 제법 서성인다. 대부분 아이들이 먼 곳에서 차를 타고 등교를 했다. 헛걸음을 해서 그런지 아이들이 힘이 없다. 이 아이들 중에 5학년 채일락이라는 여학생과 6학년 윌리암이라는 남학생이 다시 집으로 돌아간다. 이 두 아이는 내가 가르치는 수학을 무척 좋아하는 참 영리한 아이들이다. 다른 아이들에 비해 옷도 제법 깔끔하게 입고 다니는 아이들이다.

'윌리암 돈데 비베?' 어디 사느냐 물었더니 '무이 레호스 델라 에스쿠엘라.' 학교에서 무척 멀단다. 동네 이름은 '부산테만테'란다. '키에로케

케 바야스 아 카사 콘 우스테데스.' 너희 집에 같이 가고 싶은데 어떠냐고 물었더니 좋단다. 그래 학교에서 걸어서 동네로 가는 버스 정류장에서 차를 골라 탔다. 4명의 아이와 같이 탔다. 한 10분 후에 한 학생이 내리고 우린 이후 약 15분을 더 타고 가서 먼지투성이 한 동네에 내렸다.

필자 생각으로 타고 온 거리가 어림잡아 한 15킬로미터 정도는 되겠다. 한 25분을 타고 왔으니. 한 7킬로미터는 포장도로를 타고 오다 차는 한 모퉁이를 돌아 비포장도로로 달린다. 건조한 기후에 바람까지 부니 길은 온통 먼지투성이다. 차장 밖으로 보이는 집들은 모두가 우리나라 달동네 같은 빈민촌 집들이다. 이런 집에서 우리 아이들이 사는구나 하는 생각을 하니 안타까운 마음이 막 밀려온다.

채일락과 그의 오빠 윌리암과 나는 마을버스 종점에서 내렸다. 여기가 자기들이 사는 동네란다. 같이 내려 한 2백여 미터를 걸어서 채일락 집에 도착했다. 검둥이 2마리가 반긴다. 이놈들도 먼지를 한껏 뒤집어썼다. 아이들은 이런 것은 아랑곳하지 않고 서로 비빈다. 흙먼지는 전혀 장애가 아니다. 천진난만한 모습 그대로다.

채일락이 먼저 집으로 들어가 자기 엄마한테 내가 왔다고 이야기를 한다. 예고 없는 방문에 어머니도 무척 놀라는 기색이다. 정중하게 인사를 한 후 자초지종을 이야기하고 서서히 마음을 안정시켰다. 빈손으로 인사하기가 그래 채일락을 데리고 가까운 상점에서 아이들이 좋아하는 과자며 빵을 샀다. 잔돈으로 받은 돈으로 각각 5솔(우리 돈으로 한 2천 원)씩 용돈을 주니 아이들이 연신 감사하다고 덜렁 받는다. 아이들이 용돈이 얼마나 궁색하면 이러겠나? 엄마한테 말하지 말고 맛있는 것 사먹어라

재미난 대화를 나누다 잠시

채일락이 사는 동네 모습

했다.

인사치레 물건을 사가니 엄마가 마음이 좀 놓이는지 표정이 밝아졌다. 가정형편은 내가 생각했던 것보다는 오순도순한 분위기였다. 여기 몇 채 집들 가운데는 제일 살 만한 집이었다. 집 외모는 얼기설기해도 방이 4개나 되고 부엌도 제법 규모가 있었다. 이 먼 곳에서 학교에 다니는 고충을 어머니가 이야기한다. 이 주변에 학교가 있으면 그렇게 먼 곳까지 가지 않겠는데 학교가 없단다. 하르딘(유치원)은 있단다.

아침 6시에 밥을 먹여 늦어도 7시 반쯤 차를 태워 보낸단다. 하루 차비도 아이 한 명에 왕복 1솔(4백 원)이란다. 채일락 큰오빠, 중학교 3학년 안드레이까지 3명의 자녀에게 하루 차비와 용돈을 합해 10솔이 든단다. 아버지가 건축 공사장에서 일을 하는데 겨우 먹고살 정도 번단다. 내부 살림을 보니 그렇겠다. 그래도 우리나라 80년대쯤 되는 텔레비전도 거실에 있고 냉장고도 보인다. 아이들이 공부할 만한 책상이며 걸상은 보이지 않는다. 우리나라에서 그 흔한 동화책 같은 읽을거리는 안 보인다. 아이들은 영리하고 착한데 공부할 환경이 안 된다. 이 두 아이는 우리 학교 학생들 그래도 나은 편에 속하는데 다른 아이들 사는 모습은 보지 않아도 대강 짐작이 간다.

오늘 채일락 사는 모습이 페루 농촌의 보통 가정 모습이다. 나라가 경제적으로 더 부흥해 여기 시골에도 도로도 포장해 주고 수도도 넣어 주어 최소한 기본적인 삶에 불편이 없었으면 하는 소망이다. 필자 유년 시절 보릿고개 기억이 새롭게 떠올라 더 가슴이 뜨거워지는 것 같았다.

어머니가 귀한 손님 왔다고 금세 물고기를 구워 밥을 내왔다. 커피도

한 잔 거나하게 내놓았다. 우리나라 시골 어머니 인정 같은 접대다. 가슴에 와닿는 고마움은 이루 말할 수 없었다. 어머니의 자녀 교육에 대한 열정은 한국이나 여기나 똑같다. 나한테 수학 잘 가르쳐 훌륭한 사람으로 키워 달라고 몇 번이고 부탁을 한다.

한 3십여 분쯤 되었을까? 오늘 채일락과 윌리암이 사는 모습을 보며 이 아이들을 더 사랑하고 더 가르쳐야지. 꼭 희망을 잃지 않고 바르게 잘 자라도록 격려를 해줘야지 하는 간절한 마음이 더 강해지는 것 같았다. 작별인사를 하는데 채일락이 내 품에 꼭 안긴다. 마치 필자 손녀를 꼭 안는 것 같은 마음이었다.

버스를 타고 돌아오는 길에 산마을 언덕에 옹기종기 모여 사는 더 어려운 동네가 있어 발길을 멈추었다. 여기도 우리 학구이다. 혹시 한 아이라도 만날까 싶어 이리저리 헤매어 보았지만 허사였다. 아이들이 집에 들어가면 나오지 않는다. 놀거리도 없고 놀 만한 공간이 없어 그렇다.

오늘 채일락 집을 방문하면서 느낀 건 우리 학교 학구는 한마디로 무척 광범위하다. 반경 거리가 2십 킬로미터 정도는 되겠다. 이렇게 먼데 동서남북에서 뭔가를 배우겠다고 오는 우리 아이들을 더 사랑해줘야겠다. 더 칭찬을 아끼지 않아야 하겠다. 아이 외모가 좀 누추하다고 냄새가 좀 난다고 거리를 두지 않고 더 도닥거려 주겠다고 다짐을 해본다. 내 눈높이를 더 낮춰 부부함께 KOICA 사랑의 불꽃이 꺼지지 않도록 다시 한 번 더 가슴에 손을 얹고 기도를 해본다. '채일락 어머니 오늘 너무 고마웠어요. 채일락, 윌리암도 오늘 길을 안내해줘서 너무 고마워 열심히 공부해서 훌륭한 사람이 되어야 한다. 알겠지?' 이렇게 마무리를 해본다.

한복 너무 예뻐요. 나도 한국어 배울래요

여기 아레키파에 봄이 오는 소리가 여기저기서 완연히 들려온다. 젊은이들이 옷차림도 한결 가벼워졌다. 시내 가로수 나뭇가지에 새 움들이 얼굴을 쑤욱 내밀었다. 6천 미터가 넘는 안데서 산맥의 고봉 정상 주변의 눈도 많이 녹았다. 시장에 이름 모를 봄채소도 얼굴을 많이 내밀었다.

우리 KOICA 봉사단원들도 봄맞이 나눔과 섬김의 봉사를 하면서 나름대로 작은 프로그램을 마련해 한국을 알린다. 일전에 아레키파 주도 도읍 기념 음악회에 박혜영 단원이 아름답고 수준 높은 피아노 연주로 시민들을 마음을 사로잡았다. 한 열흘 전엔 정정섭 선생님이 봉사하는 학교 개교기념일에 김상은, 안지원 두 분 선생님이 듀엣 단소 연주로 한국 전통 음악의 우수성을 알렸다.

어젯밤(이곳 시간 20일 오후 6시)엔 한국어 교사로 이곳에서 2년 넘게 헌신하고 있는 김현주 선생님이 아레키파 야나우아라 구청 문화관에서 한국 전통 의상 문화 중 한복 알림과 체험 활동 순서를 가졌다. 이곳에서 한국어 선생님 대명사로까지 여겨지고 있는 김 선생님은 여느 선생님 못지않게 오기를 가지고 이 땅에 한글 보급의 첨병으로 활동하고 있다. 특히 대학에서 젊은이들에게 한글을 가르치고 있어 그 파급 효과가 무척 크다고 할 수 있다. 앞으로 두어 달 있으면 임기를 끝내고 귀국길에 오른다.

오늘 행사 준비를 순전히 혼자서 했다. 오늘 행사 개요는 대략 이렇다. 구청 문회회관에 약 3십여 평쯤 되는 방에 행사 장소를 마련했다. 약 칠팔십 명이 앉을 수 있는 좌석을 마련하고 무대 앞 양쪽에 전통 한복을 가지런히 전시해 놓았다. 오후 6시 30분이 되니 제법 많은 현지인들이 자리를 채웠다. 대부분 한글을 배우는 수강생들이다. 수강생 부모들도 동행한 경우도 제법 있었다. 일부 참석자 중에는 한국이 좋아서 또 한국에서 근로자로 5년간 일한 경험이 있는 사람들도 참석했다.

구청 문화업무를 담당하는 사회자 한 분이 시작을 알리는 선언을 하고 한복 알림 마당이 시작되었다. 한복을 곱게 차려입은 김 선생님의 유창한 스페인어 인사와 함께 한복을 알리는 발표 순서가 있었다. 첫 화면으로 우리 태극기 소개와 함께 KOICA 소개를 일목요연하게 했다. 너무나 감동적인 출발이었다. 해외에서 태극기를 보고 애국가를 들으면 자연스럽게 애국자가 된다는 말이 실감났다.

이어서 한복의 역사와 종류를 하나하나 차근차근 설명하는데 어떻게 저리도 알아듣기 쉽게 그리고 유창한 현지어로 설명하는지 예순 넘긴 시니어 단원으로 마치 우리 딸이 프레젠테이션을 하는 것처럼 느껴졌다. 각종 예식 때 , 왕과 왕비, 신하, 양반과 평민, 아이들이 입는 옷이 다 다르다는 것을 서로 비교하면서 설명하는데 참석자 모두가 숨을 죽이고 경청했다. 참석자 모두 너무도 진지한 모습이었다.

또 한복을 차려입고 전통 절을 하는 마당에서는 우리 내외가 한복을 차려입고 직접 절하는 모습을 보여주었다. 여자들의 평절, 큰절 등 둘이 같이 절하는 순서에서는 많은 관중으로부터 뜨거운 박수를 받았다. 먼 이국에서 이만한 감동이 또 어디 있겠나? 정 선생님의 한국 전통 버선 신고 벗는 시연도 무척 인기를 끌었다.

한복의 특징은 아름다운 색의 조화와 적당한 곡선미가 어울려 마음의 여유와 편안함을 가져다주는 의상이다. 여기에 천연 섬유로 만들어져 친환경적인 건강에도 좋은 것이 특징이다. 우리 조상들의 여유로운 삶과 지혜로운 생활 모습이 바로 이 한복의 기저에서 발로한다는 것도 알렸다.

발표 끝에 현지인들이 직접 한복을 입어 보는 체험 시간이 있었다. 준비된 한복이 불과 세 벌밖에 없어 많은 참석자가 다 체험하지 못하는 아쉬움이 있었지만 다소곳이 한복을 차려입은 페루아노들의 모습은 정말 우아해 보였다. 입에 웃음을 가득 담고 한복을 입은 페루아노들의 마음은 과연 어떠했을까? 그들의 마음에 한국을 사랑하고 이 낯선 땅에 헌신하는 KOICA의 단원들의 사랑을 느끼지 않았겠는가? 어울려 사진도 많이 찍었다.

▶ 태극기와 KOICA를 소개하며

▶ 전통 큰절을 선보이며

모두 순서 끝머리에 필자가 마이크를 잡고 행사 자리를 마련해준 야나우아라 구청에 감사와 열과 성을 다해 한복 알림 행사를 직접 주관한 김현주 선생님께 짧은 현지어로 인사를 했다. 이어서 김 선생님 통역으로 페루는 우리 봉사자들의 제2의 조국과 같은 나라로 영원히 잊지 않을 것이라고 했더니 일제히 박수로 응원을 보내왔다.

사실이 그렇다. 여기 나눔과 섬김을 실천하는 9명 우리 단원들은 모두가 자기 위치에서 단 한 치의 게으름 없이 최선을 다해 헌신을 하고 있다. 필자의 귀에 한국 KOICA 최고라는 소문이 종종 들려온다. 오늘 행사를 통해 KOICA가 지향하는 대한민국 이미지 업그레이드 목적과 나눔과 섬김의 봉사를 통해 온 지구촌 모든 사람들이 기본적인 생활, 삶에 이르도록 같이 노력하는 진정한 모습을 보았다.

개인이든 나라든 나누고 베풀어야 하늘의 복을 온전히 누릴 수 있다. 가난과 배고픔의 보릿고개를 직접 체험한 필자는 늘 나누는 자는 더 얻고 움켜쥐는 자는 결국에는 빼앗긴다는 이치를 분명히 알고 있다. 우리 KOICA 더 많이 나누는 대한민국의 상징이 되도록 계속 기도해 본다.

'오늘 행사를 준비하고 마무리까지 혼신의 힘을 다한 김 선생님 정말 수고 많았습니다. 대단 대단하십니다. 모든 순서가 너무 잘 흘러갔습니다. 필자의 마음은 너무 흐뭇했습니다. 사실 눈물까지 핑 돌았습니다. 아무런 보수 없이 저렇게 헌신하는 모습이 너무도 아름다워… 그리고 여기 동료 나머지 8명 단원들도 오늘 행사를 마치 내 일처럼 생각하고 참석해 응원을 보내주신 것도 정말로 감사 합니다. KOICA 파이팅을 외치며 이만 끝냅니다. 감사합니다.

페루 아레키파 Korean Culture Day의 감격

일전에 주니어 단원 한국어 전공 김 선생님으로부터 문자가 왔다. 아레키파 북쪽 광장 한 홀에서 토요일 오전 12시부터 한국 문화 행사가 있다는데 같이 가잔다. 글쎄, 아레키파에 한국 문화 행사라? 한국 대사관에서 개최할 리는 만무하고 여기 선교사님이 한 가정이 계신다는데 개최할 리는 더 만무하다.

어쨌든 행사가 있다니 우리 내외는 주말 개인 일을 접어놓고 가보기로 했다. 장소를 검색해 보니 필자가 봉사하고 있는 우리 학교에서 북쪽으로 두 정거장만 가면 개최 장소가 있다. 시내 중심지에서 약 15킬로미터 정도 되는 위치다. 태권도 신임 단원인 박 사범과 김 선생님 우리 내외가 버스를 타고 현장에 도착했다.

현장에 도착해 실내로 들어서는데 슈퍼주니어가 열창한 노래가 막 들려온다. 한국 문화 행사를 하기 하는가 보다. 새로 지은 멋진 건물 중앙 홀에 약 5백여 명이 앉을 수 있는 자리가 마련되어 있었다. 좀 이른 시간이었지만 많은 사람들이 확성기를 통해 흘러나오는 한국 최근 인기 가요 리듬에 맞춰 몸을 흔들고 있었다. 행사 본부 정면에 한복을 곱게 차려입은 대형 그림이 분위기를 주도하고 있었다. 바로 옆에 몇 벌의 한복을 준비해서 한복 차려 입기 체험장도 마련되어 있었다.

이 감격적인 행사를 주관한 장본인은 다름 아닌 제56기 KOICA 협력단원으로 이 땅에서 봉사했던 주용환 전 단원이 이 땅에서 6번째 이벤트를 이곳에서 주관한 것이다. 이래저래 촌수를 대보니 같은 종씨로 본도 같다. 선조 대수로 짚어 보니 내가 두 세대 정도 더 빠르다. 어쨌든 같은 일가를 만났으니 그 또한 감격이다.

용환 씨는 '오빠네'란 랜드마크를 내세워 한국 전통 음식을 이 땅에 보급하며 특히 먹을거리 품질로 세계 입맛을 사로잡는 라면과 한국 유명 과자류를 이 땅에서 유통시키고 있었다. 더불어 한국어 보급과 이곳 젊은이들에게 인기 상한가인 케이팝 노래 보급과 케이팝 팬클럽과도 긴밀한 관계를 유지하며 한국 이미지 고양에 최선을 다하고 있었다.

오늘 행사에 한국 전통 음식을 맛보는 체험은 단연 인기 만점이었다. 삼각김밥, 컵라면, 떡볶이 먹기 체험 행사에 음식이 없어서 못 팔 정도로 한국 전통 음식에 대한 관심도가 높았다. 물론 공짜는 아니다. 아주 저렴한 실비로 음식을 제공하는 여유도 있었다.

한복 입기 체험 행사에 많은 현지 아가씨들이 화려한 한복을 입고 포즈를 취하며 필자와 같이 기념촬영도 했다. 자기 이름을 한글로 써서 이름표 달기도 참신한 아이디였다. 맛 좋은 한국 과자 판매장도 단연 인기였다. 특히 필자 옆에 케이팝 팬클럽 아레키파 지회 신디아라는 회장도 같이 자리를 했다. 열성 팬이 약 1천 명 정도 된단다. 다대한 한류열풍이다. 페루의 한류는 미풍이 아니라 강풍에 가깝다. 젊은이 치고 슈퍼주니어를 모르는 사람이 없을 정도이다.

오늘 이 감격적인 행사에 아레키파 KOICA 동료 8명 전 단원이 참석해

▶ 현지인들이 기념 촬영을 하며

▶ 한글 이름을 써 선물하며

현지 한국 문화 행사에 힘을 보탰다. 특히 필자는 행사장 요소요소에 추억이 될 만한 사진을 찍었다. KOICA 봉사 대선배가 한국 문화를 알리는 값진 행사를 보며 마음에 와 닿는 긍지와 자부심은 정말로 컸다. '오빠네' 코리아 브랜드 마크가 크게 성공하길 간절히 기도해 본다. 용환 씨 파이팅.

콜까 계곡 잉카인들의 삶의 모습은 어떨까?

여기 차 출발 시각은 약간 고무줄 같다. 아침 5시 30분에 치바이로 출발하는 차가 거의 6시가 넘어서 출발한다. 승객 누구 한 명 불평하는 이가 없다. 이런 페루 타임이 일상인 모양이다. 이런 전통도 좋게 보면 느림의 미학 같아 여유롭다. 차가 출발하자 곧장 씨에라의 황량한 대지에 봄이 익어가는 모습이 여기저기서 보인다. 겨우내 움츠렸던 선인장이며 키 작은 풀들이 제법 연초록으로 변해가고 있었다.

한 시간 정도를 달려 해발고도가 약 4천 미터에 이르자 귀가 약간 멍해지는 것 같다. 저 멀리 안데스 고봉에 쌓인 만년설이 그림처럼 밀려온다. 그래도 전에 비해 쌓인 눈의 양이 몰라보게 적어졌다. 봄기운에 눈이 녹아 황량한 계곡에 제법 물이 많이 흘러간다. 봄을 맞아 많은 양들이 무리를 지어 초원을 누비고 있다. 양, 알파카, 비쿠냐 등 고산에 사는 동물들이다. 한 계곡 초원에 전부가 양떼다. 저 양들이 있기에 잉카인의 삶이 여유롭고 순수한 모양이다.

우리 동네에서 불과 2시간 대 작은 치바이라는 마을은 고대로 돌아간 듯한 잉카의 전통이 물씬 배어 있는 마을이다. 전통 재래시장 모습이 마치 고대 잉카인들의 물물 교환 장소와 흡사한 분위기였다. 주로 콜까 깊은 산중에 사는 사람들이 주말을 이용해 여기 재래시장으로 나들이 한

콜까 협곡 동네 여인들의 전통 복장

잉카 여인들의 시장 나들이

것이다. 차를 타고 오면서 보니 첩첩산중 오아시스가 있는 곳엔 성냥갑 만 한 집들이 옹기종기 모인 동화 속 같은 마을이 많이 보였다.

장엄한 콜까 계곡에 사는 사람들은 자기 발이 유일한 교통수단이다. 그래도 살 만한 집은 당나귀 두어 마리가 있어 험하고 험한 산길을 좀 쉽게 오르내릴 수 있다. 생명력이 끈질기기로 이름난 당나귀는 콜까의 산중 택시이다. 한꺼번에 약 백 킬로그램 정도 운반할 수 있는 힘도 장사인 동물이다. 콜까 트래킹에 나선 사람들 중에 계곡으로 내려오는 코스는 그래도 손쉽지만 무게가 꽤 나가는 배낭을 메고 약 네다섯 시간 정도 오르막길을 걷는 것은 보통 사람들에게 큰 무리이다. 그래 생겨난 것이 당나귀 택시이다. 오르막길 거리에 따라 그 요금이 달라진다.

콜까 계곡에서 제일로 꼽는 상가예(Sangalle) 혹은 오아시스(Oasis)에서 콜까의 마을 카바나콘데까지 약 4킬로미터를 타고 오르는 데 1인당 요금이 60솔이다. 우리 돈 2만 4천 원이다. 필자가 상가예 계곡으로 내려오는 길에 서양 젊은이 몇 사람이 당나귀 택시를 타고 오르는 모습을 봤다. 뒤뚱거리며 타고 오르는 모습이 무척 신기하고 재미나 보였다. 체력이 밀리는 사람들에게 이 이상 더 좋은 당나귀 택시가 없는 것이다.

계곡 밑자락과 저 위 자동차가 다니는 길과의 표고 차가 무려 1~1.5킬로미터 정도 난다. 이쯤 되면 우리 같은 보통 사람은 돈을 천만금을 주고 계곡 밑에 살라 해도 살지 못하겠다. 생필품 조달, 난방, 전기 등 하나도 원활한 것이 없다. 그래도 여기 잉카 후예들은 그 험한 계곡 언덕에 생명의 젖줄 같은 길을 만들어 놓았다. 마치 거미줄같이 얽혀 있었다. 나더러 어느 목적지를 주고 길을 찾아보라고 하면 그 미로를 헤매다 말겠다. 잉카의 후예들은 냄새로 예감으로 당나귀 발자국을 보고 눈을 감고도 길을 찾는다고 한다.

상가에 계곡 콜까 천국에서 서북쪽으로 난 미로를 타고 약 1시간 반 정도 오르면 말라타(Malata) 라는 콜까 계곡의 제일 큰 마을이 나온다. 이 동네 해발고도가 2,660미터란다. 대충 한 2백여 가구 사는 마을이다. 마치 원시로 돌아간 듯한 그런 마을이다. 토담집에 최근에 전기가 들어와 그래도 문명의 혜택을 누리고 있단다. 집집마다 우리에 당나귀가 보인다. 교통수단으로 농산물 운반 수단으로 이 산속 마을에서 이만한 편리함을 주는 동물이 어디에 또 있겠는가?

마을 길가에 흙 밭에 주저앉아 노는 아이들도 보인다. 잉카인들은 흙이 고향이다. 그래 그런지 전혀 어색하지 않았다. 자연과 더불어 놀고 있는 아이들 얼굴에 하늘이 내린 순수함이 고스란히 배어 있었다. 이런 동네에 학교가 있을까 했는데 마을 끝자락에 아기자기한 학교가 보인다. 오늘이 마침 휴일이라 아이들 공부하는 모습은 보지 못했지만 학교 교실 유리창 틈새로 비친 모습은 그래도 여유로워 보였다.

한 서너 시간 트래킹으로 배가 고파와 물어물어 한 상점을 만났다. 흙먼지가 뽀얗게 앉은 과자며 빵이 그래도 진열대를 차지하고 있었다. 빵 몇 개 물 한 병을 샀다. 운송비가 비싸 제값보다 배로 비쌌다. 그래도 사는 사람이 있기에 이런 상점이 있는가 보다. 상점 옆에 마침 동네 어른 두 분이 있어 트래킹 정보를 좀 얻었다. 같이 사진 찍자고 했더니 원 달러를 내란다. 그 말 속에 우스개 뉘앙스가 있어 오히려 정겨웠다. 페루에 아직도 문명의 이기와 거리가 먼 잉카 후예들이 살고 있기에 자연이 훼손되지 않고 그대로 남아 있는 것이다.

▶ 잉카 할머니의 고달픈 삶

저 한국 사람 김에드워드예요

일전에 학교 봉사를 끝내고 집에 오후 1시 반경 도착했다. 막 점심을 먹으려고 하는 참에 노크 소리가 들렸다. 문을 여니 우리 집 주인 딸 카렌이 남자 청년 두 사람을 데리고 왔다.

잘생긴 동양계 한 청년이 좀 어눌한 우리말로 '안녕하세요? 저 한국 사람 김에드워드예요.' 혀가 꼬부라져 우리말 같지 않은 말을 하지만 충분히 알아들을 수 있었다. 단번에 반가워 거실로 이들을 데리고 왔다.

이렇게 생면부지 한국 청년을 이 낯선 땅에서 만날 수 있었던 것은 우리 집 주인 딸 카렌 때문이다. 카렌은 페루와 미국 고등학생 교환 프로그램으로 고등학교 3년 과정, 대학 1년 과정을 미국에서 공부한 영어가 매우 유창한 이곳 유명 대학 졸업반 여학생이다. 또 카렌은 우리 스페인어 심화과정 스무 시간을 정말 심도 있게 가르쳐 준 스페인어 선생님이기도 하다. 이런 연고로 그의 남자친구 하펫츠와 함께 자주 우리 집을 오가며 서로 전통 음식도 나누고 새로운 정보를 주고받는 등 관계가 무척 좋다. 그러다 보니 스스럼없이 우리 집을 찾곤 했다. 카렌이 현재 대학교에 재학 중이면서 이곳 유명한 브리타니 영어 학원 선생님으로 활동하고 있다. 필자와 주로 영어로 소통하는데 마치 미국 사람처럼 어휘력과 발음이 유창하다. 외모도 준수한데다 지도 능력이 탁월해 학원에서도 인기가 최고란다.

김 군을 만난 것은 자기 학원에서 원어민 영어 교사를 한 명 구하는 중에 어찌어찌 줄이 닿아 김 군을 만나게 되었단다. 김 군의 신변이 정리되는 대로 곧 자기 학원 영어 교사로 정식 부임한단다. 하루에 6시간 영어를 가르칠 요량이란다.

김 군과 여러 대화 중에 아버지가 일찍 돌아가시고 어머니가 미국인과 재혼을 해서 같이 생활했단다. 위로 친누나 한 명, 미국인 새아버지가 데리고 온 누나 한 명 그렇게 가족 구성이 되어 살아왔단다. 대학에서 커뮤니케이션을 전공했단다. 한국 이름은 김우현이란다. 취미는 여행이란다. 페루에서 한 1년 정도 영어를 가르면서 돈도 좀 벌고 여행을 할 요량이란다.

생글생글 웃으며 이야기 하는 모습이 무척 귀엽다. 올해 32세란다. 아직 싱글이란다. 아버지 고향은 서울 신촌이란다. 어머니는 서울 강남이 고향이고 자기 고향은 미국 샌프란시스코란다. 한국 사람이 한국말을 할 줄 알아야 되는데 그런 기회를 잡지 못해서 미안하단다. 그래 나더러 한국어를 좀 체계 있게 가르쳐 달란다. 자기는 영어를 가르쳐 주겠다고.

일전에 필자 내외가 학교 수학여행을 하고 돌아오니 우리 집 3층 방으로 이사 와 있었다. 어찌나 반가운지 자기 방을 이리저리 둘러보니 정리를 잘 해놓았다. 오늘부터 한 지붕 밑에서 사는 셈이다. 그러면 마치 아들같이 잘 지내 볼 생각이다. 서툰 우리말로 '김치 먹고 싶어요. 혹시 소주 있어요?' 하고 묻는다. 정겨운 소리로 들렸다.

마치 늦은 점심때라 집으로 데리고 와 김 군이 좋아한다는 라면을 한께 대접했다. 이웃에 사는 박현수 우리 KOICA 단원과 이곳 대학에서 영어를 가르치는 서정환 선생님을 불러 자리를 같이 마련했다. 모두가 한국 사람인데 또 젊은이들인데? 서로가 통성명을 하고 영어로 한국어로 대화하는 모습이 너무도 정겨워 보였다. 모두가 외로운데 이런 기회가 마련되어 너무 기뻤다.

정말 지구 반대편 남미 페루 아레키파에 살면서 언뜻 보면 무척 외롭고 삶이 고달플 것 같은 생각이 들지만 때로 삶에 새로운 활력소가 되는 일들이 수시로 만들어져 정말 감사한 마음이 절로 든다.

KOICA 선배 단원인 태권도 배준수 사범이 귀국하고 후임으로 박현수 단원이 바로 우리 집 이웃에 거처를 마련해 자주 만날 수 있게 된 것도 큰 복이다. 우리 자녀로 치면 한 대여섯 번째쯤 된다. 그러니 마치 막내처럼 여겨진다. 또 아이가 어찌나 예의 바르고 성실한지 마음에 쏘옥 든다. 아내는 진짜 막내처럼 있는 것 없는 것 다 먹이려고 나선다. 김치 제공은 마치 의무 사항인 것처럼. 그것도 보기 좋다.

▶ 우현이랑 같이 제일 왼쪽

앞으로 기회가 되면 우현이랑 그리고 이곳 우리 젊은 단원 모두를 초청해 우현이가 좋아한다는 삼겹살과 김치 파티를 한번 열 요량이다. 모두가 외로운 처지이다. 다들 보듬고 등을 토닥거려 주어야지.

시골 거리에 유기견이 무척 많다.

잉카 전통 복장은 무척 화려하다.

티티카카 호수 인디오 원주민 갈대 집에서 하룻밤을

어제 이곳으로 들어오기 전에 우로스 인디오 원주민 한 분을 만났다. 팰릭스라는 40대 중반의 전통 인디오 잉카인이다. 그는 가슴이 통자로 된 마음이 따뜻한 잉카인이다. 가만히 있어도 웃음을 머금고 사는 인상 좋은 분이라 첫눈에 맘에 들었다. 이 양반이 대뜸 자기 집에서 하룻밤 자 보는 것이 어떻겠냐며 제안을 해온다. 우린 단번에 허락을 하고 같이 갈대숲에 떠있는 섬 우로스로 향했다.

우로스 섬으로 가는 편도 요금은 5솔이다(2천 원)이다. 이를 지불하고 오후 4시 정각에 출발하는 막지막 배를 타고 우로스 섬에 들어왔다. 이 공용 배를 타고 온 우리는 관광객들과 함께 팰릭스가 사는 섬이 아닌 다른 섬에 내렸다. 조금 있으니 사무엘이라는 자기 아들이 작은 보트를 몰고 우리를 태우러 왔다. 오늘은 정말 새로운 이색 경험이 되겠다는 예감이 들었다.

약 5분을 달려 자기 가족들만 사는 작은 섬에 도착했다. 4대가 같이 사는 그야말로 아기자기한 작은 섬이었다. 우리 내외가 도착하니 모든 식구들이 나와 환영을 한다. 둘째 딸 율리아나는 우리말로 '안녕하세요' 하고 인사까지 한다. 올해 85세 된 노모, 큰아들 내외 그리고 손자 2명, 작은아들, 작은딸 모두 9명이 사는 섬이었다. 모두가 얼마나 순진한 모습들인지 흔히 상혼이 배인 모습은 그 어디에서도 찾아볼 수 없었다. 모두가 웃음과 함께 잉카의 전통 냄새를 그대로 풍겨 냈다.

가장 팰릭스가 안내해 준 우리 숙소는 바로 강가 옆에 갈대로 엮어 만든 작은 방이었다. 우리가 하룻밤 지내기에는 전혀 문제가 없어 보였다. 화장실 안내를 부탁하니 한쪽 구석으로 가더니 여기가 화장실이란다. 화장실이라고 일러 주는 곳은 그냥 강가 약간 으슥한 곳이다. 변변한 가로막도 없이 우리나라 요강보다 큰 낡은 세숫대야가 전부다. 이 요강에 흔한 갈대 짚을 넣고 볼일을 본 후 강에 버리면 된단다. 그 부산물을 고기들이 와서 먹는다나? 이게 자연 순환인지.

이들은 전통적으로 그렇게 살아왔기에 전혀 불편해 하는 기색이 없다. 나도 이 정도면 얼마든지 적응하겠다는 생각이 들었다. 아내가 죽을 맛이다. 사람이 아무리 열악한 환경이라도 본인이 적응하려고 노력하고 순응하면 다 살아 갈 수 있는 것이다.

이 섬에 사는 9명 식구가 이 좁은 공간에서 불편 없이, 불평 없이 살아가는 것은 그들만의 단순하고 만족하는 삶이 있기에 가능한 것이다. 이들이 누리는 만족과 행복은 문명의 이기에서 누리는 우리들의 만족보다 훨씬 순수하고 값진 것 같았다. 모두가 서로를 존중하고 웃음과 감사로 가득 찬 것 같았다.

가장 펠릭스는 자기 방으로 우리 내외를 안내해 태양열로 전기도 들어오고 한국 영화도 시청한다고 자랑을 한다. 한국에서도 인기 있었던 〈꽃보다 더 좋은 당신〉 CD를 보여주며 재미 만점이라고 열을 올린다. 아내도 덩달아 홍이 나서 같이 맞장구를 친다. 옆에서 보고 있던 나도 신바람

팰릭스 가족이 사는 갈대 섬

팰릭스 손자들과 함께

이 막 난다. 손자 두 놈이 우리한테 매달려 좋다고 애교를 부린다. 아내는 가져온 초콜릿을 선물로 건네자 우리 숙소까지 따라와서 자꾸 보챈다. 같이 우리 방 방문 기념 촬영도 했다. 아이들이 사람들이 귀한지 자기 집으로 갈 생각을 안 한다. 한참을 놀다가 자기 어머니가 와서야 겨우 간다.

팰릭스 가장 내외가 자는 방 이외는 전기 시설이 전혀 없었다. 우리는 KOICA에서 제공해준 태양열 전등 두 개를 가져와 불이 없는 불편함은 전혀 없었다. 이 태양열 충전기로 스마트 폰도 카메라도 충전도 했다. 너무나도 유용한 장비였다.

우리는 저녁 식사로 여기 명물인 무지개송어 구이와 밥을 곁들인 메뉴를 선택했다. 여기에 KOICA 설 선물인 신라면도 같이 끓였다. 주인 양반한테 신라면을 한 점 드렸더니 맵다고 호호거리며 난리다. 이 모두가 갈대숲 인디오 집에서만 경험할 수 있는 이색 체험이다.

새벽 일찍 서두르는 바람에 조금은 피로가 밀려와 일찍 잠자리에 들었다. 거대한 호수에 떠 있는 갈대 섬 갈대 집에서 하룻밤을 보내는 것은 그야말로 이색 여행의 진수였다. 너무도 아름다운 추억이었다. 하늘과 제일 가까운 호수 위에서 천상의 꿈을 꾸는 것이다. 남은 일정도 이 천상의 호수에 꿈을 꾸듯이 잘 엮어 가길 기도해 본다.

저녁에 한참 꿈나라를 헤매고 있는데 비 오는 소리가 들린다. 그 또한 정감 넘치는 아름다운 티티카카 호수 오케스트라 같은 소리였다. 비는 잠시 오다 그쳤다. 간간이 바람 소리도 들렸다. 한밤에 먹이를 찾아 나온 물오리 울음소리도 들렸다. 한밤중에 밖에 나오니 갓 보름달이 될 듯한 휘영청 밝은 달이 구름 사이로 얼굴을 내민다. 모두가 신비에 가까운 풍경들이었다. 유년의 꿈을 꾸는 듯한 시간들이었다.

한밤중에 제법 추웠다. 해발고도가 약 4천 미터라 바람이 불고 비가 간간이 내리니 더더욱 추웠다. 영상 3~5도 정도는 되겠다. 어깨가 시려오는 바람에 밤중에 옷을 더 끼워 입었다. 아내도 춥다고 나를 더 끌어안았다. 혼자보다는 둘이 함께 있으니 훨씬 더 온기를 더했다.

이색 인디오 갈대 집에서 한밤을 보내며 예순 넘긴 부부의 정이 식어갈 쯤 해서 우리 부부는 앞으로 더 나누고 섬기는 봉사에 최선을 다하기로 마음먹었다. '오 주님 오늘부터 시작된 여정. 늘 지켜주시고 사랑으로 인도해 주소서.' 이런 기도로 하루 마무리했다.

'빠차타타' 섬마을 주민들이 하나된 축제

아침 9시에 출발해 빠차타타 제단이 있는 정상까지 죽을힘을 다해 1시간 반 만에 올랐다. 여기 원주민들에 비해 40분을 더해 오른 셈이다. 그래도 코카 잎 덕분에 조금은 시간이 단축된 셈이다. 오르는 길이 정감 있고 무척 재미났다. 납작한 돌을 모자이크 하듯이 길을 만들어 놓았다. 모두가 사람의 힘이다. 손수 자르고 깔고 다지고 그렇게 해서 만든 길이다. 요사이 고속도로 닦는 것보다 더 힘들고 긴 여정이겠다.

아만타니 섬의 최정상에 선 기분은 한마디로 '나는 정복했노라' 하는 성취감에 도취된 듯했다. 사방으로 펼쳐진 호수는 호수 같지 않았다. 마치 태평양 바다를 대하는 듯한 운치였다. 호수 민물 냄새가 마치 짠 냄새와 같은 척후 현상이 엄습하는 것같이 느껴졌다. 오르면서 느낀 산세가 조금은 우악스럽게 느껴졌다. 정상까지 오른 길의 경사가 보통이 아니었다. 그러니 자연히 농경지를 개간하는 여정도 보통이 아니었겠다는 생각이 들었다.

백 계단은 훨씬 넘어설 법한 계단식 밭이 이곳 주민들의 땀과 피를 꽤나 요구했을 것 같았다. 이곳 사람들은 이곳에서 태어나 이곳에서 결혼해 자식 낳고 키우다 흙으로 돌아가는 그 순환 속에 살아간다. 저기 토담집들이 마치 손을 잡은 듯이 이웃하고 있다. 옹기종기 붙어있는 토담집이 풍기는 온기가 무척 따뜻해 보였다.

손바닥만 한 땅뙈기도 허투루 버리지 않고 남새밭으로 식량 자원 감자 밭으로 모두 일구어 놓았다. 세월의 인고를 견디어 온 허리 구부정한 우리 어머니 같은 노인네들이 지금도 흙을 사랑하고 있다. 간혹 손이 모자라 노는 땅은 양들의 목장으로 십분 활용되고 있었다.

11시경 정상에서 바라본 오르막길엔 울긋불긋 원색 옷을 차려입는 동민들이 서로 무리를 지어 오르고 이었다. 남녀노소 모두가 가장 화려한 옷을 차려입고 등에 한 봇짐을 지고 오른다. 제일 앞엔 동네 어른들로 구성된 전통 악단이 고유의 가락을 연주하면서 흥을 돋우며 오른다. 그 모습도 하나의 축제 부분이다.

이 축제가 크기는 큰 모양이다. 오르면서 한 가족과 마주쳤다. 원색 옷을 입은 외모가 하도 화려해서 어디 기념촬영이라도 한 컷 하자고 제안했더니 첫마디에 노라고 거절을 한다. 이유는 오든 아버지 조상신에게 제사를 드리는데 사진은 제사 후에나 가능하단다. 그 지성이 보통이 아니었다. 오르는 길에 돌로 정교하게 만든 아치형 통관문도 몇 개 있었다. 이 아치형 문을 지날 때마다 '지금까지 지켜준 아버지 조상신이여 감사합니다'란 기도를 올린다.

11시에 도착해 거의 한 시간을 기다렸다. 한 시간 동안 이 섬 주민 대부분이 다 올라왔다. 그 과정도 그야말로 대 장관이었다. 정확히 정오 12시에 빠차타타 제사 행사가 시작되었다. 정사각형 대형 돌담으로 만들어진 제단에 우리 같은 낯선 이방인은 출입이 제한되어 있었다. 이유는 신성한 제단에 이방인이 들어오면 제사의 신성함이 훼손되어 그렇다.

먼저 이 동네 영험 있는 제사장이 제사 준비를 다하고 자기 신에게 기도를 드린 후 이방인들 입장이 허용되었다.

제단 공간도 제법 넓었다. 공간 요소에 동민들이 자리를 잡고 서로 덕담을 나누며 서로 선물을 교환했다. 코카 잎 선물 교환이 주였다, 필자도 의상이 가장 화려한 한 동네를 찾아 이들의 단합하는 모습을 유심히 살폈다. 모두가 정성을 다해 코카 잎을 예쁜 보자기에 싸서 서로 나누었다. '아버지 조상 신 빠차타타께서 올해도 당신의 건강과 농사 소득에 축복해 주실 겁니다' 하는 덕담을 건넸다. 필자도 이웃 동민들로부터 제법 많은 코카 잎을 선물로 받았다.

많은 동민들이 코카 잎을 차곡차곡 겹쳐 모아 동네 제사장께 건네는 모습도 보였다. 이 풍습은 우리 동네를 위해 애쓰시는 제사장께 감사의 표시로 드리는 선물이었다. 이때 몇 가지 예절이 있었다. 어린 새것을, 크기가 비슷한 코카 잎을 그리고 모자를 벗고 두 손으로 '그동안 너무 감사합니다. 올해도 건강하십시오' 이런 덕담과 함께 건넸다.

정확히 정오 12시에 빠차타타 대 제사 축제가 시작되었다. 제단 중앙에 제사장 한 분과 남녀 제사 도우미 몇 분이 함께했다. 제단 아래 지하에서 작년에 조상에게 바쳤던 각종 곡식들과 코카 잎이 담긴 그릇을 꺼내 새것으로 바꾸고 작은 것은 제단 앞에 마련된 장작더미에 올려놓았다. 각 동네에서 바친 코카 잎 보자기도 같이 장작더미 위에 올려놓았다. 이후 우리나라 막걸리 같은 술을 제사장이 제단 주변에 뿌리며 '아버지 조상신이여 우리를 축복해 주소서' 하는 주문을 외운다. 이후 제단 장작더미에 불을 붙여 모든 제물을 태운다. 불씨가 다 꺼졌을 때 모든 제사가

티티카카 호수에서 제일 큰 아만타니 섬

아버지 조상신에게 제사를 올리며

종료되었다.

이후 각 동민들은 동리별로 적당한 자리에 모여 음식을 같이 나누었다. 개인이 아니라 모두가 함께 어울려 음식을 나누었다. 필자 내외는 숙소 주인 양반이 마련한 야외 식사에 초대되어 같이 나누었다. 전 동민이 광장에 모여 한바탕 춤 시위가 벌어졌다.

아마존 강 정글에서 얻은 교훈

아마존 강 오지에 속하는 윔바 리조트를 찾아오는 길도 보트가 없으면 불가능하다. 도착해 간단한 오리엔테이션을 하고 짐을 정리해 놓고 알프레드 가이드와 우리 팀 여섯 명은 약 두어 시간에 걸친 정글 탐방에 나섰다. 이 탐방로는 윔바에서 잘 정비해 놓아 그리 힘 든 코스는 아니었다. 리조트 마당에 무성한 바나나 나무에 바나나가 주렁주렁 달렸다. 몽키 바나나, 칩을 만들어 먹는 간식용 바나나, 식용 바나나 세 종류 나무에 열매가 지천으로 달렸다. 열대우림 정글은 정글인 모양이다.

바나나, 파파야, 망고, 코코넛 나무 등이 여기저기서 보인다. 이름 모를 새들도 무척 많이 보인다. 정글엔 모두가 원색이고 모두가 자유다. 숲을 가로지르는 길목에 나비들도 지천이다. 보호색에 원색에 모두가 자유로운 비행이다. 페루 아마존 강 정글은 그 누구도 손을 대지 않은 자연 생태계의 보고이다.

우리 팀 6명은 알프레도 가이드의 인도에 따라 정글 루트를 따라 걷는다. 3팀 부부가 우리 그룹이다. 리마에서 온 베토 부부, 아야구초에서 방송일 하는 엑토르 부부 그리고 예순 넘긴 우리 부부다. 매일 비가 내려 습도가 거의 85퍼센트란다. 여기에 섭씨 35~36도 정도 되니 조금만 걸어도 땀이 비 오듯이 쏟아졌다.

진흙탕을 헤치고 걷느라 두어 시간이 넘게 걸렸다. 온몸은 땀으로 범벅이 되고 진흙이 튀어 몰골이 말이 아니었다. 장화가 진흙에 빠져 여러 번 넘어질 뻔했다. 작은 도랑 위에 설치해 놓은 외나무다리를 건널 땐 혹시 빠질 새라 온몸 긴장되어 식은땀이 났다. 정글 속 트래킹은 우리가 흔히 생각하는 아마존 강 이미지 그대로였다. 일명 '블랙워터'라고 불리는 밀림 속 웅덩이를 헤집고 나갔다. 물속에 뿌리를 박고 자라는 다양한 나무가 하늘을 가려 어두컴컴했고 오묘한 기운이 엄습해 괜히 긴장이 됐다. 아나콘다가 등 뒤로 지나갈 것만 같았다. 가이드 알프레드는 "아나콘다는 물속에서 돌아다니다가 가끔 사냥을 하거나 햇볕이 좋은 날 볕을 쬐러 물 밖으로 나온다"고 설명했는데, 이날은 아쉽게도 볼 수 없었다.

정글 탐방은 땀과 모기와의 싸움이라 해도 과언이 아니었다. 모기 방어 퇴치 스프레이를 했건만 멋도 모르고 달려드는 모기를 퇴치하기는 역부족이었다. 모기에 물리지 않기 위해 좀 긴 옷을 껴워 입었더니 땀이 정말 비 오듯이 쏟아졌다. 페루 해발 고도 2,600미터 아레키파에서 한 번도 제대로 땀을 흘러보지 못했는데 오늘 하루 흘린 땀의 양이 8개월 동안 아레키파에서 살면서 흘린 땀보다 더 많겠다.

정글 올레 길을 걷는데 작은 개울도 몇 개를 건넜다. 개울 옆에 작은 막대를 박아 의지할 수 있는 난간을 만들어 놓았는데 있으나 마나다. 그래 조심하는 수밖에 없었다. 원색 옷을 입은 나비들이 반긴다. 썩은 나무 틈새에 굵은 개미들도 많이 보인다. TV에서 많이 본 아마존 정글 다큐멘터리를 생방송으로 보는 것 같았다. 모두가 신비고 생명의 순환이 원초다.

한참을 걸어서 어른 몇 아름쯤 되는 열대림 대명사인 세이버란 나무를 만났다. 밑 부분이 삼각형을 약간 닮은 나무. 제일 밑 부분 둘레가 한 15미터 정도 된단다. 가이드 말에 의하면 나이가 150여 년이란다. 높이만도 30~50미터란다. 이런 나무들이 무척 많이 보인다. 1년 내내 충분한 수분에 높은 온도에 잘도 컸겠다. 이 나무가 잘려져 제재소로 이동하면 열대림 합판이 되는 거란다. 페루 아마존 밀림은 아직은 그리 많이 훼손되지 않았단다. 하늘에서 본 페루 밀림은 원시림 그대로 녹색 융단이었다. 필자가 수도 리마로 돌아오는 비행기에서 내려 본 페루 아마존 밀림은 원시 그대로 녹색 융단 같았다. 아마존 강 본류로 흘러들어가는 강줄기가 마치 실핏줄같이 얽혀 있었다. 자연의 대 파노라마였다.

1시간 반 정도 정글 올레 길을 탐방하고 나니 온몸이 땀에 흠뻑 젖었다. 알게 모르게 모기한테도 몇 방 물렸다. 여기 모기는 그리 지독하지는 않았지만 모기 개체수가 많아 물리는 횟수가 훨씬 많았다. 그래도 KOICA에서 제공해준 귀한 '물린데' 스프레이와 '맨소르담'이 있어 이걸 바르니 금세 증세가 완화되었다. 얼마나 고마운지 KOICA의 사랑을 다시 한 번 더 느꼈다. 페루에서 생산된 모기 퇴치 약들을 바른 젊은 부부는 금세 약효가 떨어졌는지 금방 모기 공격에 시달렸다.

오후 1시쯤 해서 뷔페 점심이 제공되었다. 우리 팀과 다른 팀을 합해 약 3십여 명이 같이 점심을 먹었다. 우리가 지불한 370솔 안에 7끼 식사와 사흘 동안 이동 교통비가 다 포함되어 있다. 이 정도 경비에 포함된 점심치고는 먹을 만했다. 이런 열악한 조건에서 이 정도 메뉴는 정글 탐방 시 체력을 유지하는 데 전혀 문제가 없을 것 같았다. 샐러드, 소고기

아마존 오지 원주민들이 사는 모습

아마존 강엔 이 보트가 수상 택시

볶음 등 먹음직스러운 메뉴가 무척 많았다. 땀을 많이 흘린 탓으로 짭짤한 맛이 구미를 더 당겼다.

아마존 하면 보통은 브라질을 떠올리지만 페루에도 아마존 열대우림이 있다. 남한의 13배 정도 되는 페루 영토의 60퍼센트를 아마존 열대우림이 차지한다. 아마존 강의 발원지도 페루에 있다. 최근에 밝혀진 연구 결과에 따르면 아마존 강의 발원지는 안데스 산맥에 얹힌 페루 남부 도시 아레키파(Arequipa)의 미스티 산(5,822m)과 차찬이 산(6,075m)이다.오랫동안 사람의 손길이 닿지 않은 페루 아마존 열대우림 지역에는 다양한 동식물이 살고 있다. 매년 새로운 종(種)이 수시로 발견될 만큼 아직 연구가 덜 돼 있다. 지금도 인터넷 검색창에 '페루'를 치면 흡혈박쥐, 피부가 투명해 뼈와 내장이 훤히 보이는 개구리, 나무를 먹고사는 물고기 등 듣지도 보지도 못한 생물이 쏟아져 나온다. 이 신비로운 세계를 여행하기 전 한 가지 참고할 사항이 있다. 아마존은 인간에게 보여주기 위한 동물원이 아니라는 사실이다. 희귀하고 다양한 동물을 눈앞에서 맞닥뜨리기란 쉽지 않다. 겸손한 방문객의 마음으로 그들의 삶을 잠깐 지켜보다 온다고 생각하면 조바심도 덜하다. 필자도 그런 마음으로 탐방하며 더없이 많은 것을 얻었다. 바로 하나님이 창조하신 자연 생태계가 그대로 유지되고 있는 모습을 보았다.

아마존 원주민 동네에 학교와 병원이 있을까?

처음엔 1박2일을 할 걸 했는데 레몬트리 로지에서 하룻밤을 자고 마지막 날 오전 프로그램에 참여하면서 2박3일 프로그램이 절대 후회가 되지 않았다. 아침에 우리가 잔 숙소 주인 조안나 할머니가 아파서 난리를 쳤다. 할머니가 지난밤에 음식을 잘못 먹어 심한 식중독에 걸려 금방 죽을 것만 같은 신음 소리를 냈다. 급히 아내가 할머니 속옷을 갈아입히는 등 병원으로 이송할 준비를 했다. 나는 옆에서 통역을 한다고 또 마음으로 위로하면서 한몫을 했다. 이런 오지에서 아프면 큰일이다. 조안나 할머니는 올해 85세로 심신이 무척 쇠약해 있었다. 우리가 도울 수 있는 부분까지 최선을 다하고 가이드 알프레드와 같이 윔바 리조트로 무사히 돌아왔다.

아침의 아마존 오솔길과 같은 지류를 타고 보트로 한 20분 미끄러지는 분위기는 그야말로 천의 얼굴을 가진 아마존의 진수를 만끽하는 순간이었다. 이름 모를 새들의 지저귐이 마치 아마존 오케스트라처럼 들렸다. 보호색을 한 나비들이 또 황금빛 대형 나비들도 짝을 찾아 날아간다. 붕어만 한 오렌지 빛 물고기들이 먹이를 찾아 막 튀어 오른다. 아마존 강의 잔잔한 호수 같은 주변에 여기저기 동심원이 그려진다.

여기 아마존엔 사철이 없다. 1년 내내 우기가 계속되는 열대우림이다. 그래 30년 자란 나무들이의 지름 약 1미터, 높이 20미터쯤 된다. 그러니 우리가 각종 목재를 흔하게 쓰는 것 아닌가?

아침 메뉴는 빵과 계란이 주 메뉴다. 계란도 그냥 껍질을 벗겨 먹는 계란이다. 내가 좋아하는 스타일이다. 오늘 또 다른 정글 올레 길을 걷기 위해 좀 풍족하게 먹었다. 계란 4개, 토스트 4조각, 망고 과일 작은 한 접시 그렇게 거나하게 때웠다. 모두가 맛있고 감사했다. 시간 여유가 좀 있었다. 한 이틀 동안 오랜 친구처럼 지낸 이스라엘에서 온 바그다 부부와 작별인사를 했다. 페루 3주 여행을 끝내고 아르헨티나를 떠난단다. 내년에 한국을 방문할 계획이라고 한다. 혹시 2년 후에 방문하는 기회가 있으면 꼭 연락하고 오라고 이메일을 건넸다. 우리보다 약간 손위인 것 같았다. 같이 뜨거운 악수와 함께 작별 기념촬영도 했다.

우린 9시 30분경 가이드 알프레드와 '봄보네로' 라는 정글 마을 탐방에 나섰다. 윔바 리조트에서 약 30분을 보트를 타고 가야 하는 제법 먼 곳에 위치한 마을이었다. 거미줄 같은 아마존 강 오솔길 같은 지류를 용케도 잘 빠져나간다. 좁은 수로가 어느 갈림길에선 더 넓어졌다. 가는 길목마다 아마존의 자존심과 같은 밀림이 병풍처럼 펼쳐졌다. 수생 나무들이 거미줄과 같이 얽혔다. 낙엽이 썩어 물빛이 완전히 암갈색이다. 이 물이 있기에 아마존 생물은 지구의 정화 작용을 더 원활히 하는 모양이다.

가는 길목 마을은 완전히 자연 그대로이다. 집에서 키우는 돼지들이 마당에 자유롭게 다닌다. 개들도 닭도 서로 친구다. 아이들도 친구다. 서로 어울려 아마존이 내려준 자연과 더불어 순종하고 만족하는 삶이다. 우린 봄보네로 마을 작은 선착장에 내렸다. 한 30분 정도 마을 길을 따라 트래킹을 했다. 이 동네는 아마존 강변 마을 중에서 제일 문명의 이기를 많이 접한 마을이다. 한 3백여 명의 주민이 산다. 최근에 자기 돈을 주고 태양광 발전기를 설치해 TV도 볼 수 있단다.

마을 길로 쉬엄쉬엄 걷는데 좌우로 펼쳐진 자연은 그야말로 열대우림의 전형이었다. 대추야자 나무가 지천이다. 큰 나무 하나에 달린 대추야자만 해도 약 백 킬로그램 정도란다. 여기에 파파야도 지천이다. 이런 자연 열매가 있기에 사람들이 살아가는 모양이다.

한참을 걸어 널찍한 녹색 잔디밭이 나왔다. 학교 운동장이란다. 유치원부터 중등학교까지 있다나. 우린 학교를 배경으로 기념촬영을 했다. 우리 가이드는 유치원생 15명, 초등학교 80명, 중등학교 50명이란다. 주민 3백여 명에 왜 이리도 학생이 많으냐고 했더니 이웃 마을에서 스쿨버스 같은 보트를 타고 다 온다나? 마침 방학이라 학교 탐방은 하지 못했지만 학교는 언제나 우리 내외한테는 언제나 정감이 가고 관심이 가는 곳이다.

바로 옆에 병원이 있다고 해서 가이드랑 같이 찾았다. 학교가 있고 간

▶ 아마존 학교 교실 모습

이 병원이 있는 걸 보면 아마존 마을 치고는 가장 현대화된 마을인 셈이다. 여기에 간이 상점도 있었다. 병원 치고는 너무 단순했다. 그래도 혈압 측정기가 있고 청진기도 있었다. 배가 불룩한 임산부 두 분이 진찰을 기다리고 있었다.

가이드랑 같이 한 상점에 들려 더위를 식히는 콜라를 한잔했다. 이방인 같은 동양인이 방문했으니 상당히 신기한 모양이다. 상점 주인의 6살 난 딸 루시오가 무척 신기해하는 모습이다. 마침 가져간 비스킷이 있어 살짝 내밀었더니 연신 '그라시아스' 하고 웃음으로 답한다. 같이 사진도 찍었다.

루시오 어머니도 웃음을 반쯤 머금고 신기해하는 모습이다. 자기들이 사는 부엌 구경을 좀 하자 했더니 두말도 안 하고 보여준다. 아마존 원주민들의 부엌 전형이었다. 간이 아궁이를 만들어 불을 지펴 음식을 만들어 먹는다. 마침 아마존 고기를 굽고 물고기 스프를 만들고 있었다. 다른 곳의 원주민 삶에 비해 많이 개선되었다. 태양열 전기로 TV도 볼 수 있었다. 이 텔레비전이 우리나라 전설과 같은 LG 제품이었다.

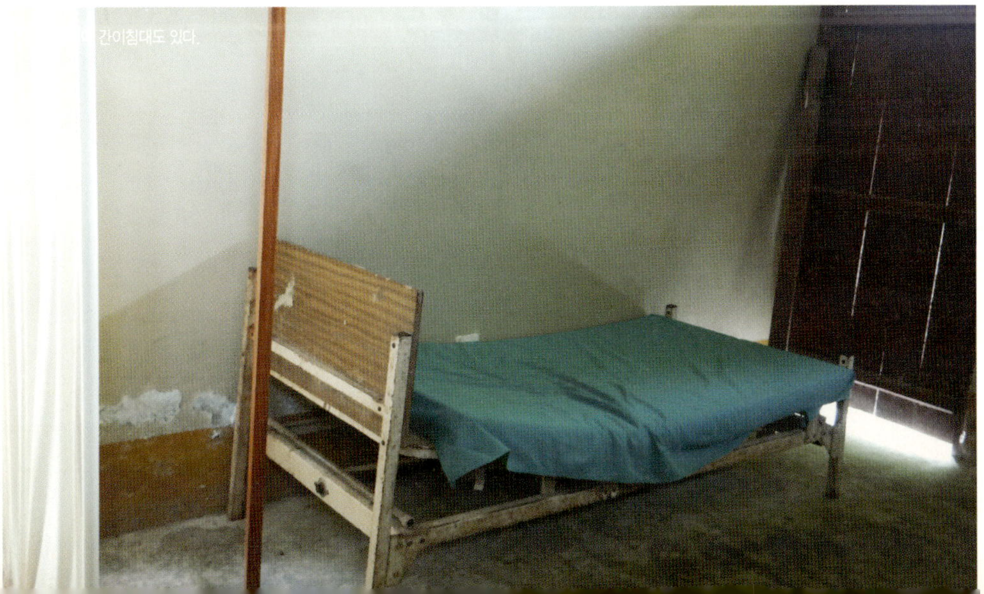
간이침대도 있다.

안데스 설산 트래킹에서 얻은 교훈

20대 젊은이들과 함께한 트래킹은 아무래도 힘에 부쳤다. 나름대로 체력을 다지고 준비를 한다고 했지만 나이는 못 속이는 것 같았다. 마음이야 이팔청춘 같았지만 20대와 같이 걸어보니 스피드 면에서 확실히 밀리는 것을 느꼈다. 해발 4,500미터 베이스캠프까지 약 10킬로미터는 젊은이들과 비슷하게 올랐다. 스무 명 중에 여덟 번째로 올랐으니 어지간했다. 해발고도 4천 미터 이상에서 걷는다는 것은 보통 체력이 아니고는 단 몇 걸음도 걷기가 어렵다. 워낙 트래킹에 매료되어 많이 걸어 본 경험이 있어 그래도 큰 부담은 없었다.

해발 4,500미터 베이스캠프에서 나는 여기까지만 오르기로 했다. 나머지 3백여 미터는 오르는 것은 포기하기로 했다. 약 5천 미터쯤에 에멜라드 호수가 하나 있다고 했는데 가이드한테 나는 여기서 머물다 혼자 하산한다고 했다. 무리하지 말라는 당부와 함께 자유의 몸이 되었다. 억지로 오르면 오르겠는데 내려오는 것이 겁이 나 혼자 지혜를 동원한 것이다. 20대 젊은이들 몇 명은 무척 힘들어 하면서도 젊은이 자존심 때문에 다 오른다. 체력 회복이 빠르고 신체 기능이 예순 넘긴 우리들에 비해 무척 싱싱하니.

젊은이들과 같이 숨을 가쁘게 몰아쉬며 오르다 놓친 안데스 설산 이야기들을 혼자서 조용히 들으며 내려오고 싶었다. 설산의 위용 설산에서 녹아내리는 물줄기가 만들어 낸 크고 작은 폭포를 감상하며 내려온다. 하얀 포말을 휘감으며 흘러내리는 폭포의 위용도 장관이었다. 상하좌우 작은 폭포들도 새색시같이 수줍게 흘러내렸다. 카메라 앵글을 좌우로 돌리며 꿈 같은 전경을 담았다. 나만의 시간이라 이웃 눈치를 볼 필요도 없다. 급하게 빠르게 내려갈 필요도 없다. 하나님의 창조 신비를 만끽하면서 내려온다. 오르다 지친 심신이 여유를 찾았다.

산이 주는 교훈을 음미하고 아무 생각 없이 내려오다 그만 길을 잘못

▶ 페루의 최고봉 우아스카란 산 6,768m

들어섰다. 길은 길인데 손때가 덜 묻었다. 한 십여 분 헤매다 되돌아온 길을 복기를 해서 겨우 찾았다. 산에서 길을 잘못 들어서면 빨리 회군을 해야 한다. 한 십여 분 헤매는 동안에 체력이 제법 소모되었다. 길을 잃었을 때 냉정을 찾아야 한다. 허겁지겁 하면 더 어렵게 된다. 심호흡을 한 후 사방 관찰이 절대 필요하다. 그래야 방향 감각이 생기는 것이다.

와라스 안데스 고봉 설산 트래킹은 보통 체력 가지고는 힘들겠다. 그 힘든 과정 속에서도 산이 주는 교훈을 음미해야 체력적인 부담을 줄일 수 있다. 오늘 산행 중에 안데스의 최고봉 우아스카란(Huascaran 6,768m) 산이 얼굴을 내민다. 마치 예리한 칼날이 서있는 듯이 그 위용을 자랑한다. 남북으로 나눠진 봉우리가 하얀 백설을 이고 있다. 저 정상을 누가 정복했을까?

또 앞으로 차카라우(Chacaraju 6,112m) 산이 버티고 있다. 오늘 트래킹 마지막 등정 지점이 바로 이 차카라우 산 밑 약 5천 미터 지점쯤에 있는 작은 호수이다. 모두가 만년설을 이고 있다. 5천 미터 전후에 약간 푸른 빛을 내는 빙하가 자리 잡고 있었다. 여름 계절로 만년설이 녹아내리는 속도가 무척 빠르다. 그래 만들어진 폭포수 수량이 무척 많았다.

필자가 차카라우 산 밑 빙하가 있는 곳까지 등정했을 때 6천 미터 부근 빙하가 무너져 내리는 소리를 두 번이나 들었다. 이것도 지구 온난화의 영향일까? 자연의 섭리를 그 누구도 거스를 수 없다.

오늘 트래킹에 참석한 스무 명 중 여섯 명을 빼고는 모두가 젊은 커플이다. 필자, 일본인 나미 양, 그리스 그룹 여자 세 명, 프랑스 여자 한 명이 외톨이다. 오늘 산행을 하면서 진짜 커플은 두 쌍뿐이고 나머지 다섯

안데스 와라스의 보석 에멜라드 호수

만년설에서 흘러내리는 폭포수

쌍은 여행하다 만나 임시 커플로 사랑을 즐기는 젊은이들 이었다. 미국 텍사스 출신 남자와 하와이 출신 여자는 금세 사귄 친구 커플이었다. 필자 자리 옆에 앉아서 이야기하는 것을 들어보니 금세 알아차리겠다. 여기 와라스에서 만나 의기투합한 커플인 것 같다.

오늘 아침 차가 출발하면서부터 트래킹이 끝날 때까지 가장 신바람나게 애정표현을 한 젊은 커플이 있었다. 하도 사이가 좋아서 슬그머니 접근해서 말을 걸었더니 여자는 이태리 출신, 남자는 에토니아 출신이다. 이 두 젊은이 주변을 전혀 아랑곳하지 않고 서로 쓰다듬고 보듬고 입을 맞춘다. 젊음의 피가 막 솟구치는 듯한 사랑이다. 젊음이 좋기는 좋은 모양이다.

오늘 하루 젊은이들과 함께 안데스 설산 트래킹 내가 미처 생각해보지 못한 많은 덕목을 얻었다. 나이가 들면 나이를 인정해야 하고 산 앞에서 겸손해야 되겠다는 이치도 깨달았다. 그러면서 나이에 맞는 다양한 트래킹을 계속해서 정신과 육체의 건강을 유지해야겠다는 마음도 들었다.

페루 찬찬마요 마리오 정 시장님

KOICA 현지평가회의가 끝나는 5월 9일 저녁에 하늘이 내린 뜻깊은 행운의 만남이 있었다. 필자 내외와 절친한 친구 같은 페루 북부 삐우라에서 한국어를 가르치고 있는 최 선생님과 한국 전통 식재료 '아씨' 가게를 찾아 일상에 필요한 식재료를 사고 바로 옆에 한국 전통 식당 '노다지'에서 저녁을 나누고 있었다.

얼마 후 어디서 많이 본 듯한 한 어른이 조금 떨어진 옆자리에서 순두부찌개를 시켜 저녁을 들고 있었다. 최 선생님이 저분이 바로 한국인으로 남미 페루 최초 시장인 정흥원 씨라고 귀띔해 주었다. 페루에 오기 전 본 KBS 다큐멘터리 〈페루의 한인 시장 정흥원〉을 서서히 떠올리니 이분이 얼마나 훌륭한 분인가 하는 생각이 금세 떠오르면서 얼굴도 제법 선명히 되살아났다.

식사가 끝나기를 기다려 염치를 무릅쓰고 옆자리로 이동해 조심스럽게 인사하니 맞댄다. 두 손을 꼭 잡고 '이런 곳에서 정 시장님을 만난다니 정말 큰 영광입니다'라고 인사했다. 금세 동포애의 전율이 막 통하는 것 같았다.

최근 페루에서 들은 소문은 한국인 찬차마요 정흥원 시장이 폐암에 걸려 곧 죽을 날만 기다린다는 이야기를 어디서 들은 적이 있었는데 오늘 직접 만나 보니 전혀 그렇지 않고 오히려 TV에서 본 모습보다 더 건강해 보였다. 자초지종을 물어보니 사실 작년 9월경 한국을 방문하는 중에 삼성의료원에서 종합 검진을 받은 결과 신장암 판정을 받고 바로 한쪽 신장을 떼어내는 수술을 했단다. 이후 암이 약간 전이되어 폐에 아주 작은 암세포가 약물로 치료를 했단다. 이 정도 되니 흉흉한 소문이 날 만하다.

▶ 페루의 한인 시장 정흥원님과 함께

그런데 지난달에 다시 정밀 종합검진에서 건강에 이상이 없다는 판정을 받고 올 10월에 있을 시장 재선 도전에 나가신다고 자신감을 내 보였다. 필자가 바로 옆에서 얼굴, 손, 팔 등을 직접 만져 보고 자신 있게 말하고 싶은 것은 '페루 한인 시장 마리오 정은 정말 건강합니다'이다.

한인 시장 정홍원의 스토리는 대강 다음과 같다.

정 시장은 중학교를 중퇴하고 1986년 한국을 떠나 남미 아르헨티나에 정착했다. 그가 현재 67세이니 만 39세 되는 해 남미의 첫 이민지는 아르헨티나였다. 10년 뒤 페루로 다시 이주했다. 1996년, 아르헨티나 이민 생활 도중 아들을 잃은 아픔을 겪은 그는 죽은 아들을 잊기 위해 새로운 땅 페루로 건너오게 되었다. 페루 수도인 리마를 거쳐 찬차마요 시에 정착하면서 정홍원 시장은 우연히 어려운 이웃들의 사연을 소개하는 라디오 방송을 듣고 자신을 던지는 새로운 봉사를 시작했다.

수도 리마에서 다시 찬차마요로 옮겨간 그는 생수 사업과 식당을 운영했다. 당시 찬차마요는 빈곤의 도시였다. 주민의 절반 이상이 하루 1천 원도 안 되는 생계비로 살아가는 절박한 상황을 보면서 그는 한국을 떠나올 때의 자기 고향을 떠올렸다. 그의 고향은 경북 문경이다.

그때부터 어려운 처지에 놓인 주민들을 돕기 시작했다. 집을 잃은 이재민에게, 수술이 필요한 환자에게, 가난한 아이들에게 그의 손길이 미쳤다. '빈자의 대부'라는 별칭이 그 앞에 놓였다. 개인적인 신뢰와 외국인 정치인에 대해 거부감을 갖고 있지 않은 페루 국민들의 한국인에 대한 호감은 기꺼이 그를 선택하게 했다. 그가 시장이 된 후 찬차마요는 크게 변했다. 관행적으로 이루어졌던 인사청탁과 뇌물이 없어지고 공무원들의 특권의식도 자취를 감추었다. 시장의 의지에 시민들은 신뢰로 답했으며 중앙정부는 찬차마요의 발전을 위해 지원을 아끼지 않았다. 특히 그는 청소년들의 환경을 주목해 커피 농사로 하루의 대부분을 농장에서 보내는 가난한 부모 대신 아이들이 즐겁게 놀 수 있는 공간과 정책을 만들어냈다. 임기 동안 월급을 받지 않고 아이들을 위해 쓰겠다는 약속을 성실하게 실천해온 것이다. 찬차마요 주민들에게 시장 '마리오 정'은 오랜 소망을 실현해 주는 해결사다. 도로가 만들어지고 상수도 시설이 해결되었으며, 열악한 의료 환경에서 벗어날 대형병원 건립도 눈앞에 두고 있다. 개인적 이익을 버리고 '남을 위해 사는 길'을 찾아온 정 시장의 선택과 실천의 결실이다. 올 10월 지방선거가 가까워지면서 출마 후보들의 행보가 분주해지고 있다. 특히 지난 선거에 고배를 마신 3선의 경력을 가진 전 시장이 정 시장의 건강을 빌미로 벌써 선거전에 뛰어들었다

▶ 페루 호텔엔 태극기가 무척 많이 게양되어 있다.

고 한다. 그러나 그는 자신 있게 말했다. 지난 4년 임기 동안 약속한 공약을 믿음으로 실천하겠단다.

오늘 이런 행운의 주인공을 우연히 만나게 해주신 하나님께 감사를 드리며 시간이 나면 꼭 정 시장님이 계시는 찬차마요 시를 방문할 계획이다. '정 시장님 사랑합니다. 꼭 건강하시어 이번 10월 지방선거에서 압승하시어 재선 시장님이 되길 간절히 빕니다. 파이팅 정 시장님.'

한국 문화 체험 너무 재미있어요

한국과 페루가 수교한 지 근 5십여 년을 넘어서면서 무척 가까운 나라로 우정을 쌓아가고 있다. 비록 눈에는 가까운데 귀로는 무척 먼 지구 반대편 나라이다. 최근 한국과 페루의 문화교류가 활발해지면서 더 가까워진 느낌이 든다. K-팝이 여기 한류열풍을 불러일으키고 있고 최근 〈꽃보다 청춘〉 탤런트들이 이곳을 방문하고 한국에 대한 이미지가 그 어느 때보다 고조되어 있다. 일이십 대 젊은이들 중에 한국 최근 인기 노래를 한두 곡 모르면 이야기가 안 될 정도로 한류열풍은 거세다.

이런 분위기 속에서 페루의 제2의 도시 아레키파에서 한국 문화의 날 행사가 어제 10월 11일 토요일 오후 2시에 그 막을 올렸다. 11일 12일 이틀간 문화 행사를 하는 데 첫날은 한국 문화 체험 행사, 둘째 날은 한국 문화 공연 행사로 아기자기하게 치러진다.

이 행사를 준비하기 위해 이곳 6명의 단원들이 3개월 전부터 이 행사를 어떻게 치를 것인가 하는 공동사고를 동원해 준비했다. 6명의 단원이 다양한 아이디어를 내고 이를 심도 있게 의논해서 프로그램을 정했다. 이 행사의 총괄 기획은 한국어 교사인 김 선생이 맡아 진행했다.

첫날 11일 행사가 오후 2시에 막을 올렸다. 첫날 행사는 한국 문화 체험행사이다. 스페인어로 된 자기 이름을 한글로 써서 선물하는 체험, 한복을 입어 보고 한국의 곡선미와 아름다운 색상의 조화를 체험하고 같이 기념 촬영하고, 또 한국 전통 음식을 직접 맛보며 그 향기를 체험하며, 또 전통 놀이인 제기를 직접 차보고 그 멋을 즐기는 말 그대로 한국 문화를 체험하는 다양한 행사였다.

이런 다양한 행사를 준비하는 과정은 정말 어려웠다. 모든 자료들을 한국에서 직접 공수해 와야 하는 번거로움, 현장에서 준비하는 다양한 시설 자료들, 한국 음식 약 5백여 명 분을 준비하는 과정 등 그야말로 혼신의 힘을 기울이지 않으면 거의 불가능한 행사였다. 그래 모든 단원이 약 한 달 전부터 머리를 맞대고 준비에 준비를 거듭해 오늘 첫날 행사를 한마디로 대 성공적으로 치렀다.

필자는 내외는 아침 10시경 행사 장소인 성 프란시스코 광장에 도착했다. 행사 시작 4시간 전이라 행사 준비 물품만 도착했다. 안지원 단원이 미리 도착해 물품을 점검하고 있었다. 시간이 지나면서 김 선생의 한국어 반 제자들이 속속 모여들기 시작하면서 행사 준비가 빠르게 진행되었다. 필자도 근 4십여 년 초등학교에 근무하면서 하고많은 행사를 치러 본 경험이 있어 행사 준비 순서를 누구보다도 잘 알고 있어 잘 준비할 수 있었다.

오후 1시쯤부터 행사장 입구에 참석객들의 줄이 늘어서기 시작했다. 우린 이번 행사 참석 인원을 최대 오륙백 명 정도 예상하고 모든 준비를 했다. 그런데 한류열풍과 다양한 홍보를 통해서 오늘 행사가 끝나는 오후 6시 기준 대략 천 명이 참석하는 그야말로 한국 문화 최대 성과를 올렸다고 자부하고 싶다.

오후 2시에 입장이 질서 정연하게 진행되었다. 우선 입장과 동시 자기 이름 한글로 써 주는 행사가 진행되었다. 이 행사에 안지원 단원이 주무로 봉사했다. 이 체험 행사에 뜻밖에 한국인 두 분이 참석해 도우미로 큰 힘이 되었다. 한참 손이 모자라는데 아레키파에서 침술원을 하는 조 선생님, 페루에서 수정 광산물 무역을 하는 서 사장님이 이름 써주는 일을 자원하는 바람에 얼마나 힘이 되었는지 모른다. 때론 필자도 이름을 써 주며 서로 사랑의 격려를 해주었다. 한글로 된 자기 이름을 받아 든 페루 젊은이들의 입가에 웃음 짓는 모습이 영원한 추억으로 남을 것 같았다.

이어 한복을 남녀별로 각각 5벌을 준비해 놓고 한글 수강생 KOICA 도우미들이 직접 전통 옷을 입혀 주는 행사였다. 한마디로 웃음과 기쁨이 만발하는 체험 행사였다. 여기 저기 저기서 기념 촬영 셔터를 누르는 소리가 들렸다. 우리 부부는 미리 한복을 입고 오늘 행사에 참석한 많은 페루인들과 함께 기념 촬영 모델로 봉사에 참석했다. 하루 종일 모델로 행사 전체 흐름을 지휘하면서 힘든 것보다 오히려 감동되고 감격되는 순간들이 많았다.

바로 이어 한국 전통 음식 맛보기 체험이 있었다. 이 체험 행사를 준비하는 과정이 제일 힘들었다. 적어도 약 5백여 명 분 음식을 장만하는 과정은 정말 힘들었다. 흰 쌀밥에 김치, 양념 소고기 반찬이 기본 메뉴이다. 도우미들의 손놀림이 무척 바빴다. 행사가 끝나는 오후 6시 훨씬 이전에 모든 음식이 동이 나고 말았다. 늦게 도착한 몇백 명의 참석자들은 한국 음식을 맛보지 못하는 아쉬움을 겪기도 했다. 몇몇 분들에게 한국 음식 맛에 질문을 던졌더니 모두가 '리코, 델리시오소' 하고 엄지를 치켜

▶ 한국 문화주간 행사 알림판 선명하다.

▶ 한국 전통 음식 김치 너무 맛있어요.

▶ 역동적인 태권도 시범

▶ 행사 후 태극기를 앞세우고

세운다.

이후 참석자들이 서로 어울려 기념 촬영을 하고 아름다운 한국의 자연 사진을 감상하는 등 그야말로 한국 문화에 푹 빠진 모습을 볼 수 있었다. 제기 차기 체험도 무척 재미났다. 모두가 신기해하는 모습이었다. 오늘 행사에 참가한 모든 페루인들이 마치 하나되는 분위기였다.

오늘 첫날 행사는 정말 대 성공이었다. 우리들이 목적한 한국 이미지를 널리 알리고 KOICA를 홍보하는 데 최고였다. 행사에 참가한 6명의 아레키파 단원, 도우미로 참가한 타크나 정 선생님, 리마 우 사범 등 우리 모두가 마음도 몸도 하나가 되어 한국 문화의 우수성을 알리는 데 최고의 홍보맨으로 최선을 다했다. 예순 넘긴 부부함께 KOICA를 사랑하는 우리 내외는 오늘 행사를 통해 제2의 인생을 너무도 멋지게 봉사하고 있다는 자부심에 감사하고 감동하고 감격하는 그런 하루였다.

만났다 헤어졌다 페루에서 또 만나고

누군가 인생은 늘 돌고 돈다고 했다. 그리고 만나면 헤어지고 헤어지면 또 만나는 것이 인생 유전이라고 했던가? 사람이 살다 보면 많은 이유로 사람들을 만나고 그러면서 자연스럽게 사귀게 되는 경우가 허다하다. 사귐이 때론 성숙한 모습으로 귀결되는 경우도 있지만 간혹 서로 원수되어 돌아올 수 없는 다리처럼 앙숙 관계가 되는 경우도 종종 있다.

필자의 경우 우즈베크에서 3년, 이란에서 4년 그리고 페루에서 현재 2년째 총 9년째 해외 생활을 하면서 하고많은 사람들을 만났다. 업무로 여행으로 일상으로 그 이유야 다 다르지만 지금까지 많은 사람들을 만나면서 그 연이 좋아 지금까지 좋은 관계를 유지하고 있는 경우가 제법 있다.

필자가 2006년 8월부터 2010년 8월까지 4년간 서남아시아 이란 테헤란 한국학교 교장으로 재직하면서 남다른 만남이 있었던 이야기를 오늘 소개하려고 한다. 2006년 10월쯤 한 통의 이메일이 필자에게 왔다. 경남 창원 모 중학교에 근무하는 '최착한'이란 이름을 가진 한 선생님이 필자가 종종 《경남도민일보》에 이란 역사, 문화 및 풍물 글을 올리는데 그 글을 보고 필자에게 편지를 보낸 것이다. 내용은 '방숙'이라는 동료 여선생님과 함께 시아 이슬람의 본고장 이란을 여행하고 싶은데 정보를 좀 줄 수 없느냐는 내용이었다. 이어서 언제쯤 이란을 여행하고 싶다는 계획도 알려 주었다.

필자는 바로 답장을 보냈다. 언제든지 오시면 힘이 닿는 대로 도와드리겠다는 간단한 내용이었다. 필자의 이란 현지 전화번호도 알려 주었다. 필자가 더 맘이 동한 것은 경남 창원에서 근무하는 선생님이었기에 더 친근감이 갔다. 필자는 경남 밀양에서 근무하다 이란에 왔다. 또 동료교사로 또 여행이라는 테마로 마음이 통할 것 같아서 또 나그네를 대접한다는 마음도 있었다.

시간이 흘러 최 선생님과 방 선생님이 이란에 도착해서 현지에서 만나고 또 안내도 해주고 먼 객지에서 느끼는 어려움도 좀 해결해 주는 귀한 사귐이 있었다. 필자는 해외에서 오래 생활한 터이라 물설고 낯선 이방에서 겪는 어려움을 누구보다 더 잘 안다. 그래 모든 걸 내려놓고 필자를 찾는 방문객에게는 나름대로 최선을 다해 안내해 주고 도와준다.

그렇게 만나서 조금 사귀다 서로 헤어졌다. 그때가 아마 2007년 1월쯤으로 생각된다. 서로 헤어진 후 간혹 메일 연락은 계속 있었다. 이후 필자가 이란 4년 근무를 마치고 2010년 8월 말에 귀국해 서로 연락이 되어 자연스럽게 우리 동네 밀양에서 서너 번 만나게 되었다. 주로 필자가 사는 밀양 쪽에서 만나게 되었다.

필자는 이듬해 2011년 2월말로 정년 3년을 앞두고 명예퇴직을 하고 자연과 더불어 농사도 짓고 그동안 해보지 못한 국내 여행에 심취되어 자유로운 시간을 보냈다. 한 1년 반이 흐른 후에 다시 해외로 나가고 싶은 마음이 도져 부부가 함께 KOICA 제80기 페루 초등교육 분야에 지원해 우여곡절 끝에 합격을 하고 소정의 교육을 무사히 마치고 현재 페루 제2의 도시 아레키파에서 1년 반째 초등학교에서 교육 봉사를 하고 있는 중이다.

이런 봉사 중에 일전에 또 한 통의 메일이 또 왔다. 바로 7년 전 이란을 여행했던 최 선생님이 남미를 현재 여행 중이란다. 볼리비아와 에콰도르를 거쳐 페루에 지난 12월 15일에 입성을 했는데 우리 내외를 꼭 보고 싶단다. 우리도 깜짝 놀랐다. 지구 반대편 여기까지 와서 서로 만난다는 것은 보통 인연이 아니고는 불가능한 일이다. 서로가 연락이 되어 카카오톡을 설치하고 자연스럽게 대화가 오고갔다. 수도 리마를 출발해 사막의 진수가 배인 이카를 거쳐 세계 최대 지상화가 있는 나스카 여행을 하고 우리 동네로 온단다.

우리 내외는 마치 귀한 친척을 맞는 기분이었다. 최 선생이 주무실 방 청소를 하고 오시면 그동안 굶았던 배를 한껏 채워주기 위해서 맛있는 먹을거리도 한가득 샀다.

최 선생님은 작년 12월 21일 일요일 새벽 2시경 우리 집에 무사히 도착했다. 밀양에서 만난 이후 만 4년 만에 다시 만나는 감회는 이루 말할 수 없을 정도로 그 정이 진했다. 특히 아내는 막내 친동생을 만난 듯이 밤이 새도록 이야기꽃을 피웠다. 먼 이국땅에서 한국 사람이 그리운데 찾아왔으니 그동안 하고 싶었던 이야기 실타래를 쉼 없이 풀어나갔다. 필자도 반갑기는 마찬가지였다. 같은 동료 교사로 또 여행이라는 공통 분모가 있어 더더욱 반가웠다.

최 선생은 세계 오지 여행 마니아로 지금부터 약 25년 전부터 세계 여행에 심취되어 지금까지 약 5십여 개국을 여행한 보기 드문 여행 전문가이시다. 필자도 여행하면 둘째가라면 서러운 정도로 많은 곳을 여행했지만 최 선생에 비하면 새발에 피에 불과할 정도로 평범한 여행가이다. 최 선생은 벌써 2십 년 전에 티베트를 두 번 그리고 다큐멘터리에서 본 카라코롬 횡단 여행, 정치가 불안하기로 유명한 동티모르, 또 파키스탄 오지 여행, 스페인 8백 킬로미터 산티아고 순례길 여행, 여자들이 여행하기 정말 힘든 이란 여행 등 그 이력을 다 소개하려면 지면이 부족하다.

선생님은 여행이라는 큰 테마를 삶의 기쁨으로 정해 놓았기에 그 과정이 매우 철저하고 세련되어 있었다. 선생님은 2년 전에 약 3십 년간 해오시던 교직 생활을 명예퇴직으로 마무리하셨다. 명예퇴직 후 잠시 숨을 고르신 후 바로 짐을 싸 북미 알래스카를 기점으로 9개월 대장정의 길에 오르셨다. 캐나다, 미국, 멕시코를 약 9개월 동안 마치 이를 잡듯이 각 나라 오지를 탐방하셨다. 때론 렌터카를 타고 또는 걸어서 여행의 참의미를 가슴에 쓸어 담았다. 그 재미난 이야기를 자기 블로그에 일일이 올리는 부지런함도 있었다.

지난 9월 말에 남미 여행을 시작했단다. 지금이 3개월째란다. 필자가 사는 페루에서 약 두 달간 여정을 잡고 있단다. 필자 내외가 방학을 했기에 그동안 지친 심신을 우리 집에서 마음껏 추스르고 다음 여행 계획을 잡으라고 했다. 우리 집에서 약 18일 정도 있다가 지난 1월 6일 콜까 계곡이 있는 치바이로 떠나셨다. 이후 잉카 제국의 수도 쿠스코로 이동해 2주 정도 푸노 티티카카에서 1주 정도 머물다 다음 여행지 볼리비아로 갈 계획이란다.

한 20일 동안 우리와 더불어 생활하면서 마치 한식구처럼 그동안 여행했던 재미난 에피소드 그리고 고국 소식을 나누며 정말 재미나게 보냈다. 쉬엄쉬엄 아레키파 명소 여행도 하고 같이 시장도 보고 또 맛있는 식당에서 현지 음식 기행도 했다.

또 아레키파 KOICA 젊은 단원들을 우리 집으로 불러 자기가 손수 요리를 만들어 대접하기를 서너 번 했다. 1월 중순에 2년 임기를 마치고 떠나시는 시니어 단원 정정섭 송별회 잔치도 자기가 마련해 위로를 했다. 촌수를 대어 보니 김해 장유로 같은 마을에 산단다. 훗날 서로 만나자고 의기투합하는 모습도 보기 좋았다. 최 선생님이 계시는 동안 아내 생일이 있어 자기가 직접 미역국을 끓이고 특별한 요리를 만들어 상을 차려 주는 지극 정성도 있었다. 모두가 마음이 통하고 또 먼 이국에서 마음에 쌓인 외로움을 달래는 시간이었다.

최 선생은 아내를 마치 큰언니라 생각하고 둘이 죽이 너무나 잘 맞았다. 웃음과 함께 서로 나누는 이야기들이 집안 가득 훈훈한 정으로 남았다. 참 사람의 인연이 묘한 것이다. 그 옛날 이란에서 만난 사람을 또 페루에서 만나다니 한번 생각해 보면 참 묘한 인생이라는 것을 느끼게 된다. 사람이 살면서 이런 만남은 서로가 서로에게 참 귀한 행운의 선물을 주고받는 셈이 되는 만남이다. 떠나신 이후에 종종 카카오톡으로 안부를 묻고 여행 이야기를 나눈다. 참 감동스러운 만남이었다.

아레키파 단원들과 한께

아레키파 전통 식당에서 함께

KOICA 여섯 단원이 함께한 슈퍼 보름달 추석

이 땅에 3년째 살면서 설 두 번, 추석 세 번, 총 다섯 번에 걸친 명절을 보냈다. 많은 지인들로부터 그곳에 교민이 얼마나 사느냐? 그곳 나라에서도 추석을 명절로 쇠느냐 등 안부를 많이 묻는다. 그리고 즐거운 추석이 되라고 카카오톡, 페이스북, 이메일로 많은 응원을 보내주었다. 또 세상이 좋아 엘지 070 전화로 마치 옆에서 전화하는 것처럼 안부를 전하곤 했다. 지구 반대편 페루에 살고 있는 우리들에게는 무척 신선한 위로이자 무척 고마운 기쁨이었다.

올해도 어김없이 추석이 9월 27일(일)이 다가왔다. 한 두 주 전에 KOICA 본부로부터 추석 격려 선물을 받고 감사했던 감격이 지금도 막 밀려온다. 여기 페루 제2의 도시 아레키파에는 2십년 전부터 살고 계시는 선교사 부부 두 명 그리고 KOICA 단원 여섯 명 이렇게 한국 사람이라야 모두가 여덟이다. 그러니 명절을 쇠는 재미는 영 설렁하다고 하겠다. 어떤 도시에서 봉사하는 KOICA 젊은 단원은 달랑 자기 혼자 있는 경우도 있다. 얼마나 외롭고 쓸쓸하겠는가? 그래도 우리는 서로를 의지할 수 있는 동료 단원이 여섯 명이 있어 무척 큰 위로가 되었다.

또 요새 세상이 좋아 인터넷 탱고라는 화상 전화가 있어 언제든지 한국 시간대와 맞으면 손자 손녀들과 얼굴을 보며 대화를 할 수 있으니 예전 문명 이기가 덜했던 시대보다는 훨씬 더 외로움이 덜하다는 것을 실감했다. 올해도 약 삼사십 분에 걸쳐 카카오톡 대화와 인터넷 전화 대화로 필자와 조금이라도 인연이 있는 분들과 안부를 주고받았다. 참 좋은 세상에 살고 있다는 실감을 절로 느꼈다.

필자의 경우 십 년째 해외 생활을 하는 터이라 조국의 명절에 대한 면역성이 생겨 크게 외롭거나 서운한 감정은 별로 없는 편이다. 그러나 우리 젊은 단원들은 한창 부모님으로부터 사랑을 받아야 하는 시기라 그 외로움이 더 진하겠다는 생각이 들었다. 올 2월 말에 4명의 새로운 단원이 아레키파에 부임했다. 유치원 시니어 단원 한 분, 주니어 단원 세 분이다. 우리 내외를 포함하여 여섯 명이 지난 2월 설 명절, 이번 추석 명절을 같이했다.

그 전까지 명절에는 우리 집에서 갖은 음식을 마련해 단원들 그냥 몸만 오게 해 명절을 즐겼는데 지난 설 명절부터는 각자 음식 한 가지를 장만해 모이기로 했다. 아내 혼자서 음식을 마련하다 보니 손이 모자라고 경비도 만만찮아 이런 아이디어를 낸 것이다. 그래야 서로 참여하는 의미도 있고 다른 단원들의 손맛과 별미를 맛보는 좋은 기회가 되기도 하기에 일석삼조 정도의 효과가 있었다. 지난 설 때는 처음이라 조금 어설펐는데 이번 추석 명절 상차림은 육해공군에 가지 수만도 셀 수 없을 정도로 다양했다.

27일(일) 추석 오후 3시경에 하나둘 단원들이 모여들었다. 홈스테이를 하는 변 선생이 제일 먼저 오셨다. 이 동네서 귀하디 귀한 두부를 구해서 튀김을 해 오셨다. 참고로 이 동네 두부 한 모에 우리 돈 7천 원 정도

하니 얼마나 귀한 식재료인가? 여기에 맛있는 후식까지 챙겨 오셨다. 또 일찍 오셔서 아내 손을 덜어 주었다. 이어 시니어 성 선생이 큰 보자기에 추석음식의 진수가 가득 배인 만두, 송편, 떡을 해오셨다. 한 반년 가까이 살면서 성 선생의 음식 솜씨가 소림사 주방장 맛을 뛰어넘는다는 것을 알고 있었기에 기대했는데 역시나 그 솜씨가 명품이었다.

이어 우리 집에서 제일 가까이 사는 이 선생이 월남 쌈을 준비해 오셨다. 참 구하기 힘든 요리인데 어디서 수배해 구했는데 한 십여 명은 넉넉히 먹을 양을 해 오셨다. 이 월남 쌈에 들어가는 각종 나물을 너무도 정갈하게 요리해 오셨다. 이걸 요리하는 데 이틀이나 걸렸다고 한다. 그 정성이 보통이 아니었다. 마지막으로 임 선생이 봄맞이 채소를 구해서 각종 전을 구워 오셨다. 애호박 전, 당근 전, 파전, 고구마 전 등. 이들과 사전에 약간 음식 종류를 조율해 우리 집에서는 떡국, 갈비찜, 기타 김치류를 준비했다. 이쯤 되면 황제 밥상이라 해도 과언이 아니겠다.

필자가 작년 여름에 담가 두었던 적포도주를 추석맞이 건배용으로 한 병 크게 내어 놓았다. 이래 시작된 왕 보름달이 휘영청 밝은 페루 땅에서 나누는 추석 나눔의 회포는 서로서로 위로하는 큰 즐거움이 되었다. 오후 3시쯤에 점심을 겸해서 먹고 저녁 7시경엔 저녁을 먹고 낯선 땅에서 외로움을 서로 달랬다. 또 KOICA 봉사 중에 겪었던 애로사항도 서로 듣고 좋은 정보를 공유하는 정말 값진 시간이 되었다. 아내와 시니어 성 선생은 마치 젊은 단원들 어머니 연세라 더 친근감이 가는 그런 잔치였다. 필자 역시 우리 집 막내딸 같아 더 사랑스러웠다.

만나면 헤어지고 또 만나는 것이 세상 이치이다. 삼 년째 이 땅에 살면서 선배 동기 단원 총 여덟 명을 먼저 보냈다. 그리고 새 단원 네 명을 새로 맞았으니 필자 내외와 함께한 단원이 모두 12명이다. 이들과 함께 보낸 명절 모두 두고두고 아름다운 추억이다. 정말 그림 같은 이야기들이 주렁주렁 달린 명절 추억이다.

우리 내외의 3년 임기는 2016년 4월 말이다. 불과 7개월이면 나눔과 섬김의 봉사도 끝을 내야 한다. 이런 짧은 기간 동안 우리 단원들은 어떤 거창한 결과보다는 KOICA 이미지 향상과 한국 정부에 대한 고마움을 잉태해 놓고 가는 것이 최고의 가치로 보고 있다. 낮추고 그리고 섬기고 나누는 KOICA 사랑을 다시 한 번 더 음미해 보는 이번 추석이었다. 이 정도면 먼 이국에서 재미나게 추석을 보냈다고 이야기할 수 있겠다. 여섯 단원 모두가 하나된 그런 보람차고 알찬 추석 명절이었다.

▶ 추석 명절을 함께 즐기며

한-희 젊은 부부와 함께한 기쁨

필자가 2006년 8월 말부터 서남아시아 이란 테헤란 한국초등학교 교장으로 근무하면서 경험하고 여행한 이야깃거리를 알리는 방법이 없을까 하는 의문에 대한 대답이 있었다. 바로 다음에 블로그를 개설해 운영하면 서로 정보 공유에 큰 도움이 되겠다고 생각하였다. 블로그 개설 공부를 미리 좀 했다. 차일피일 시간이 흘러 2007년 8월쯤에 '페르시아 사랑'으로 블로그 이름을 등록하고 필자의 넥네임 주페르시아로 했다. 그동안 써놓았던 일기 형식의 여행 글들을 하나둘 올리고 이란 생활 정보 및 이란 최신 뉴스 등을 올리면서 접속자 수가 하루가 다르게 증가했다. 일주일에 약 다섯 편 이상의 글과 사진을 올리면서 그 평판이 인터넷을 타고 퍼지면서 블로그 개설 1년 6개월 만에 접속자가 무려 5십만 명을 돌파하고 2007년 연말 우수 블로그 심사에서 최우수 블로그로 선정되는 행운도 얻었다.

이후 약 3년간 우수 블로그로 잘 운영되다가 2010년 8월 말 이란 테헤란 한국학교장 4년 임기를 끝내고 한국으로 귀국하면서 페르시아 사랑 블로그의 명성은 서서히 잊히기 시작했다. 귀국해 필자가 농사를 짓는 농사 일기를 간혹 올리기는 해도 인기는 거의 없었다. 그러다가 2013년 4월 말 부부함께 KOICA 시니어 단원으로 선발되어 페루 제2의 도시 아레키파에 파견되어 초등학교 아이들에게 아내는 음악을, 필자는 수학을 가르치면서 우리들 일상 이야기들을 기존 '페르시아 사랑' 블로그 이름에 '페루 사랑' 이름을 더해 글을 올리기 시작했다.

2013년 4월 말 이 땅에 입성해 만 2년 6개월 지내는 동안 약 470여 편의 글을 올렸다. 나누고 섬기는 봉사 이야기, 페루 대자연 이야기, 이웃나라 역사 탐방 여행 이야기, 필자 블로그를 보고 아레키파 여행 나그네들과 만남 이야기 등 그 주제가 매우 다양했다. 2015년 10월 중순 현재 약 380여 만 명의 접속자가 들렀으니 개인 블로그 치고는 제법 인기가 있는 셈이다. 즐겨 찾기 399명, 그동안 댓글 2,980회, 방명록 1,120회를 기록했다.

특히 페루 잉카 문명의 역사와 문화에 매료된 많은 개인 여행자들이 필자 블로그를 찾아 정보를 얻어가고 또 방명록 및 댓글 흔적을 남기면서 자연스럽게 블로그를 통해 가까워지게 되었다. 필자가 이 땅에 2년 반 넘게 살면서 필자 '페루 사랑' 블로그를 통해 약 3십여 명의 아레키파 여행 나그네들과 인연이 되었다. 사람은 결국 인연 속에 부부가 되고 친구가 되고 또 스승이 되어 서로 관계를 이루며 살아가는 것이다. 만남의 인연을 잘 가꾸고 잘 다듬으면 지루하고 역겨운 인생 삶이 더 윤택해지는 것은 세상의 이치다.

최근 2달 사이 필자 블로그를 보고 서로 연락이 닿아 만난 사람이 여덟 명이나 된다. 지난 7월 말에 여행 작가 노동○ 씨, 8월 초 서울대학교 치과대학원에 다니는 이선○ 학생, 8월 중순에 영국인 신랑을 둔 운희 부부, 10월 초에 한-희 30대 초반 부부, 이어 10월 3일경 진영 씨 형제를 만나 모두가 초면이었지만 서로 음식을 나누고 이곳 정보를 자세히 제공하면서 모두가 마치 우리 아들딸 같은 마음이 들었다.

최근에 필자 내외를 찾은 진영 청년 글은 이렇다.

안녕하세요. 아레키파에서 현재 남동생과 여행 중인 27살 청년입니다. 여행 중 선생님의 블로그를 접하게 되어서 이렇게 글 남기게 되네요.^^ 혹시 주말에 한 번 찾아뵈어도 될는지 궁금하기도 해서 글 남길게요. 오늘도 좋은 하루 되세요~^^

지금 아레키파 숙소 주소, 카톡 알려 줘요 혹 시간이 나면 함 만나지요.

주소는 calle Peral 117, Arequipa 이구요, 숙소명은 el albergue espa 이 입니다.^^ 카톡은 limj3 입니다. 연락주세요~^^

블로그를 통해 이런 소식을 주고받은 후 필자가 아레키파의 명소 아르마스 광장에서 이들과 자연스럽게 만나 점심을 거나하게 한 끼 대접해 주고 다음 날 10월 4일 아내 학교 개교기념일 행사에도 초청해 먼 이국에서 느끼는 외로움을 달래 주고 다음 목적지 쿠스코로 보내 드렸다. 가서도 카카오톡으로 감사 인사를 전하는 등 그 예절이 무척 마음에 들었다.

이후 한-희 부부가 또 댓글을 남겼다.

안녕하세요. 선생님 KOICA 단원으로 수고가 많으십니다.

저희는 전○한, 정○희 부부에요 저희도 지금 아레키파에 잠시 여행 왔거든요. 블로그 읽고 삶의 모토가 되는 것 같아서요. 시간되시면 어떻게 KOICA 단원으로 부부가 같이 올 수 있는지 말씀해 주실 수 있으신가요?

카카오톡 ID : yonghan**

페루 전화번호 : 9573 066xxx

저희 부부도 선생님 부부처럼 살고 싶어요.^^

이 글을 접하고 바로 카카오톡으로 연락했더니 금세 연락이 되었다. 참 좋은 세상에 산다는 것을 절감했다. 지난 9월 30일 처음 만났다. 장소는 역시 아르마스 광장이었다. 젊은 부부가 어찌나 잘생겼는지 첫눈에 반했다고나 할까? 만나서 잠시 통성명을 하고 우리 집 주소를 알려 주며 저녁 6시경 오라고 했다. 먼 이국에서 한국 사람이 얼마나 그리웠으면 이렇게 연락을 했겠나? 그래 된장국에 김치로 한 끼를 대접할 요량이었다. 그동안 하도 많은 아레키파를 찾은 나그네들을 대접한 터이라 이젠 질이 잘 났다고 할까?

저녁에 전○한, 정○희 부부가 제시간에 잘 찾아왔다. 아르마스 광장에서 걸어서 약 25분 정도 거리인데 초행이라 택시를 타고 오라고 했다. 낯선 젊은 양반들이 우리 집에 올 때 맨손으로 오지 않고 커다란 케이크를 하나 들고 왔다. 단번에 예의범절이 바르고 가정교육을 잘 받은 젊은이들로 여겨졌다.

서로 서먹함을 지운 후에 자연스럽게 페루 아레키파를 찾은 이야기를 들었다. 2013년 가을에 결혼했단다. 서울 유수 특급 'W'호텔에서 같이 근무했단다. 호텔 내 기독 신우회에서 만나 결혼했단다. 근무 여건도, 연봉도 무척 좋았단다. 보통 젊은이들의 선망의 대상이 되는 직장이란다. 그런데 어느 날 남편이 그 좋은 직장을 내던지고 아내를 설득해 2014년 5월 초에 2년간 세계 여행 대장정에 나섰단다.

양가 부모님들의 반대도 무척 컸단다. 그런데 단 한 살이라도 젊을 때 세계를 가슴에 한번 품지 못하면 그 기회는 언제 올지 모른다는 절박감에 그동안 좀 모아 둔을 쓸어담아 첫 여행지 필리핀으로 향했단다. 필리핀 여름 휴양지 바가오 도시에 베이스캠프를 설치하고 필리핀 오지의 보석 같은 섬들 탐방을 했단다. 모든 게 신기하고 미지의 세계에 대한 호기심이 하나둘 충족되었다고 한다. 의외로 여행 경비가 많이 들어갔단다. 그래 다음 여행지를 호주를 택했단다. 이유는 워킹 홀리데이를 하면서 여행을 하기 위해서였단다.

브리즈번 도시를 베이스캠프로 하고 주변 도시와 뉴질랜드의 남 섬과 북 섬을 다 섭렵했단다. 브리즈번 도시에서 전기를 다루는 공장에서 일을 했단다. 좀 험한 일인데 급료가 좋았단다. 호주 뉴질랜드 10개월 동안 여행은 일해 번 돈으로 큰 어려움 없이 했단다. 이 젊은 양반들 기개 있는 이야기를 들으면서 그 어느 누구도 도전하기 어려운 결단이었다고 생각되었다. 차분함과 느리게 인생을 음미하면서 세상을 가슴에 품는 느림의 미학이 물씬 묻어나는 부부였다.

9월 초에 남미 일주를 위해 페루에 첫 입성했단다. 수도 리마에서 차근차근 남으로 내려오는 일정을 잡고 페루의 명소 나스카, 이카, 쿠스코 등을 둘러보고 9월 말에 아레키파를 찾았다. 아레키파에서 얼마쯤 있겠다는 계획 없이 왔다. 기회가 되면 한 달 정도 머물면서 스페인어 학원에서 스페인어도 배우고 콜까 계곡 트래킹을 할 요량이란다.

첫 만남 이후 자연스럽게 가까워지면서 거의 매일 오후 5시경이면 우리 집에 와 세상 돌아가는 이야기 그동안 체험했던 여행 이야기 등을 들었다. 그러면서 평소 우리 집에 있는 찬으로 저녁을 같이 나눠 먹었다. 그동안 한국 전통 음식과 거리가 멀었던 이들 부부는 한 입 먹을 때마다 맛있다고 난리다. 그래 아내는 이들에게 매일 저녁 메뉴를 돌아가면서 대접했다. 김밥, 삼겹살, 김치찌개, 된장국, 비빔밥, 잔치국수, 매운탕, 파전 등.

한국 사람이 그리운 우리들에게는 이들에게 대접하는 음식들이 전혀 아깝지 않았다. 마치 우리 아들딸이 페루에 와 같이 지내며 대접하는 기분이었다. 아레키파 유명 여행지도 안내해 주었다. 콜까 협곡을 개인 트래킹으로 가는 방법을 안내해 주었더니 2박3일 코스로 둘이서 200솔(우리 돈 7만 원 정도) 정도 들이고 정말 멋지게 잘 다녀왔다. 필자가 가진 장비로 한 살림을 꾸려 다녀왔다. 서로가 서로를 신뢰하는 만남의 연속이었다.

처음에 만났을 때 어디 비닐하우스에 자란 연약한 화초 같은 젊은이들처럼 보였는데 며칠 같이 지내다 보니 그 어느 누구도 흉내 내기 어려운 강인함과 내공이 쌓인 젊은이였다. 또 부부가 믿음이 좋아 지난 10월 11일 주일에 우리 내외가 다니는 현지 교회에서 꼭 예배를 같이 보고 싶다고 하기에 같이 참석해 예배를 드렸다. 필자가 좀 부족해도 설교 통역하며 같이 은혜를 받았다.

하루이틀 서로 마음이 통해 잘 지내다 보니 금세 2주가 흘렀다. 떠나기 싫은 발걸음이지만 이젠 떠나야 했다. 10월 11일(일요일) 마지막 저녁을 우리 집에서 송별회를 겸해 서로 나눴다. 아내는 내일 목적지 티티카카 호수의 도시 푸노로 떠나는데 가다가 먹으라고 김밥을 한가득 싸서 주었다. 이들도 그동안 너무 감사했노라고 감사 편지와 함께 우리 내외의 건강을 기원하는 듯에서 귀하디 귀한 촛대 하나를 하나 선물로 남겨 놓고 떠났다.

예순 넘긴 부부함께 KOICA 사랑을 실천하고 있는 우리 내외한테 비록 낯선 이방인 같은 젊은 부부였지만 마치 우리 아들딸 같은 젊은이라 생각하고 우리의 가슴에 남아 있는 사랑을 고스란히 이들에게 나눠 주었다. 훗날 기회가 되어 다시 만나는 날이 온다면 아레키파의 아름다운 추억들을 다시 한 번 더 들춰 보리라 생각되었다.

▶ 아내 생일도 축하하며

제3부

부부함께 KOICA 사랑 이야기

부부함께 KOICA 사랑 날마다 감격합니다

예순 넘긴 부부가 함께 남미 페루 초등교육 분야에 KOICA 시니어 단원으로 지원해 서류심사, 면접, 엄격한 신체검사, 국내교육 3주, 현지적응교육 2개월을 모두 마치고 정식으로 봉사지로 배정받아서 봉사하는 경우는 우리나라 KOICA가 문을 연 이후 처음 있는 일이다. 그 주인공이 우리 부부라는 것이 잘 믿어지지 않는다.

우리 부부가 이 땅까지 오는 데는 많은 어려움이 있었다. 그 첫 어려움이 최종 합격자 발표 날 우리 내외는 후보자로 등록되어 있었다. 페루 초등교육 두 명 선발에 후보자 순위 일이 위 그러니 앞에 합격자 두 명이 포기하지 않는 한 우리는 거의 불가능한 상태였다. 합격자가 소신을 가지고 지원을 하고 잉카의 혼이 살아 역사하는 페루로 향한 간절한 마음이 있는데 누가 포기를 하겠나?

우리 두 내외는 후보자로 판명되었을 때 거의 마음을 접었다. 전체 수요자가 좀 많으면 혹시 하는 기대가 있겠지만 단 둘인데 어떻게 감히 기대를 하겠나? 그런데 지난 3월 18일 국내 교육이 시작되는 당일 아침에 KOICA 본부로부터 두 통의 전화 연락이 왔다. 앞에 합격자 두 분이 모두 포기를 했는데 국내교육을 받을 수 있느냐는 연락이다. 그것도 현재 시각 오전 10시인데 오후 3까지 올 수 있느냐 하는 토가 달려 있었다.

참 황당하고 어떻게 해야 할지를 전혀 가늠하기 어려운 사항이었다. 농장에서 일을 하고 있을 때 받은 연락이라 더더욱 엉거주춤했다. 아내랑 급히 의논한 끝에 처음 먹었던 그 마음으로 국내교육에 참석하기로 했다. 하던 일을 바로 접어두고 허겁지겁 짐을 챙겨 서울로 올라갔고 그 이후 일정은 프로그램 그대로 참여해 여기까지 우리 부부가 온 게 된 것이다.

부부 함께 KOICA 사랑 초등교육 분야에 봉사하기에 지도할 때 서로가 힘이 되는 것은 당연한 일상이다. 아내는 1973년 10월에, 나는 1974년 2월에 첫 발령을 받아 교직에 몸을 담았다. 그 해수를 손을 꼽아 보면 약 4십여 년 전 일이다. 그동안 초등교육 분야에 산전수전 다 겪은 노장들이다. 아이들 눈빛만 봐도 심리 상태를 알고 고약한 구린내가 나면 누가 방귀를 끼었는지를 다 안다. 그게 시니어의 경험이다. 그 경험들이 지금 KOICA 사랑에 한창 적용되고 있다.

이틀 전에 우리 부부는 또 한 번 감격의 시간을 가졌다. 그동안 아이들을 지도하면서 지도 자료가 부족해 체면이 영 서지 않았는데 일전에 우리들이 요청한 현지활동지원비가 의외로 빨리 배정되는 바람에 그 지원비로 필요한 자료를 악기점과 문구점을 찾아 모두 구입했다.

같이 자료를 하나하나 구입하면서 우리 부부가 연속 되뇐 말은 '아이고 우리 KOICA 고마워라. 이렇게 잘해 주는데 불평이라니? 아이들이 얼마나 좋아하겠나. 정말 열심히 가르쳐야지.' 바로 이 대화이다. 곰곰이 생각해 보니 한국국제협력단 즉 우리 KOICA가 그동안 시행착오의 결과

▶ 국내교육 때 호명산 등산

▶ 수료식 후

와 집단사고를 통한 유무상원조를 규모 있게 조직적으로 하는 것은 매우 감사할 일이다. 만일 교육 분야에서 봉사하는 단원들에게 '당신들 알아서 교육하십시오' 하고 일임한다면 진정한 봉사의 효과가 나겠는가?

현지 아이들이 접해보지 못한 학습 분야에 새로운 자료를 투입해 교육의 효과를 올리는 것은 물론이고 '한국 선생님들 너무 열심히 가르쳐줘서 고마워요' 하는 마음이 생기도록 나누고 섬기고 칭찬하고 사랑하는 마음을 온전히 가져야 하겠다.

지난주에 자 세트를 사서 아이들에게 각도 재기, 각도 그리기 지도를 하면서 너무도 재미난 시간을 가졌다. 아이들이 시간 가는 줄도 모르고 재고 그리고 하면서 '선생님 재미나요. 또 다른 것도 해요' 하는 소리가 계속 귓가에 맴돈다. 일전에 산 가위, 모눈종이, 풀, 컴퍼스, 색연필 세트, 연습용 A4 용지, 스케치북 등으로 원도 그리고 그래프도 그리고 직육면체 전개도도 이어 잘라서 풀을 칠해 직육면체도 만들어 볼 참이다. 이런 학습을 하면서 아이들 웃음소리 재미난 마음들이 막 내 심장에 바로 전달될 것 같다.

아내는 아내대로 음악 합주 자료를 선별해서 다 샀다. 우리 돈으로 한산하면 거의 1백만 원 치다. 한반 25명을 기준해서 리코더, 멜로디언, 탬버린, 트라이앵글, 캐스터네츠, 큰북, 작은북, 디지털 소형 피아노 이렇게 구입했다. 오랜 경험을 살려 아이들을 지도하면 아이들이 얼마나 즐거워하겠나? 생각만 해도 날아갈 것 같은 기분이다.

이런 것들을 생각하면 우리 KOICA 사랑에 감격하지 아니할 수 없다. KOICA 봉사는 자기가 가진 재능을 기쁜 마음으로 나누는 것이다. KOICA의 핵심은 감격, 감사, 감동 3감(Three 感)이 함께하는 신정한 봉사이다. 부부함께 KOICA 사랑 그 감격은 계속 이어진다.

KOICA 추석 명절 격려품에 담긴 의미

필자가 이 땅에 와 살면서 날이면 날마다 감격하며 살아간다. 늘 새로운 날에 새로운 풍습이며 아이들이 변해 가는 모습을 보며 살아가기에 마음에 와 닿는 진정한 감동과 감격은 이루 말할 수 없다.

이번에 또 하나 감사하고 감동한 일이 있었다. 바로 추석을 한 달 앞둔 쯤에 KOICA에서 해외봉사단 단원 전원에게 추석 격려품이 전달되었다. 혹자 단원은 이 격려품을 구호품이니 생색내기용 빈민 구제품이니 하는 비아냥거리는 용어를 사용하는 경우를 들은 적이 있는데 이는 무척 못마땅한 표현이다. 사람마다 표현의 자유가 있어 생각이 다르다고 해도 위와 같은 표현은 감사를 모르기 때문에 나온 자기 부정의 표현으로 밖에 볼 수 없다.

여기 협력봉사단원으로 2년간 근무를 하고 귀국길에 오른 배준수 단원이 그동안 아레키파 지역대표로 헌신적으로 동료 단원들을 섬겼다. 그 후임 지역 대표로 필자가 바통 터치를 하고 바로 봉사한 일이 추석 격려품을 찾아 동료 단원들에게 일일이 나눠주는 일이었다. 오랜 해외 생활의 경험이 있어 물건을 보내고 찾고 하는 일은 그리 어렵지 않았다. 그래 총 9박스를 찾아 어젯밤에 단원 모두에게 헌신하는 마음을 가득 담아 나눠 주었다. 모두가 얼마나 좋아하는지?

▶ 정말 감사한 추석 격려품 2박스

나눠 주면서 격려품 박스 크기가 생각 밖으로 크고 무거워 안에 무엇이 들어 있는지 무척 궁금했다. 우리는 부부가 함께 있어 두 박스를 수령해서 설레는 마음으로 집으로 왔다. 내용을 대충은 짐작했지만 막상 박스를 열어 보니 흥부 박에서 금은이 마구 쏟아지는 듯한 격려품들이 이어 나왔다. 대충 생각했는데 물품 하나하나에 얼마나 정성이 가득 담겨 있던지 물품 하나하나를 들출 때마다 '감사합니다. 고맙습니다' 란 말이 연이어 나왔다. 정말이 눈물이 핑 도는 것 같은 감사의 기쁨을 맛보았다.

받는 입장에서 '좀 더 넣어 주지 이게 뭐야?' 할지 모르지만 한번 생각해 보면 전 세계에 나가 봉사하는 단원이 무려 2천여 명이나 되는데 이들에게 모두 똑같은 격려품이 전달된다고 생각해 보면 얼마나 세심한 배려를 했는지 알 수 있다. 그 예산만도 어마어마하겠다. 그리고 물품 내용이 얼마나 유용한 물품인지 하나하나가 금이고 은 같은 물품들이었다. 모든 단원들이 개발도상국에서 봉사를 하기 때문에 현지에서 한국 전통 음식을 구하기란 거의 불가능한 편이다. 부부 함께 봉사하는 페루 아레키파 지역에서는 이번에 전달된 음식 품목들은 단 한 가지도 구하기 힘든 지역이다. 가령 고추장, 된장, 김, 육개장 수프 등이다.

이번 격려품에 담긴 내용물들은 현지 생활에서 너무 유용하게 먹을 수 있는 품목들이다. 귀하디 귀한 고추장, 고춧가루, 된장, 깻잎, 전통 통조림, 라면, 카레, 육개장, 골뱅이, 동원 참치 캔, 초코파이 등 이만하면 전통 보양식으로 두고두고 먹을 수 있을 것 같다. 일본 자이카, 미국 평화봉사단이 과연 이렇게까지 하겠나? 우리 KOICA의 힘은 바로 이런 데서 나온다고 보겠다. 단원들의 바람과 현지 사정을 누구보다 더 정확히 파악해 이를 빠르게 적용 실천하고 있으니 그 효과가 몇 배는 되겠다.

KOICA 이번 추석 격려품은 먼 이국땅에서 외로움과 역 문화충격 속에서 때론 힘든 과정을 겪고 있는 모든 단원들에게 큰 힘이 됨은 물론 자랑스러운 KOICA 단원이라는 자부심을 갖게 되는 큰 계기가 되었다고 볼 수 있다. '대한민국 KOICA 이사장님 그리고 KOICA 국내 직원 여러분 너무 감사합니다. 열심히 나누고 섬기고 사랑하겠습니다. KOICA가 대한민국의 심벌 마크가 되도록 최선을 다하겠습니다. 이번 축석 격려품 가슴에 꼭 품으며 그리고 감사한 마음으로 잘 먹겠습니다. 건강하게 봉사하겠습니다. 감사 감사합니다. 안녕히 계십시오.'

▶ 너무도 풍성한 먹을거리 격려품

콜까 계곡 당나귀 트래킹

어제 콜까 대 계곡 진수가 배인 상가에 리조트까지 오는데 반쯤 죽다가 무사히 도착해 하룻밤을 보냈다. 내리막길을 거의 5시간 이상 걸어서 그런지 도착 저녁에 허벅지 앞쪽 근육에 알이 배어서 영 걷기가 힘들었다. 온몸이 천근만근이다. 그래도 아침에 일어나니 온몸이 제법 많이 풀렸다. 여기 숙소가 황토로 지은 집이라 그런지 외풍이 별로 없이 밤에 무척 따뜻했다. 시체처럼 잤다는 말이 맞겠다. 사람이 땀을 흘려야 무의식 속에서 잠도 제대로 자고 아름다운 꿈도 꾸는 모양이다.

새벽 3시경 잠이 깨여서 화장실을 간다고 나갔더니 하늘에 별이 그야말로 은가루 금가루를 뿌린 듯이 너무도 선명하고 아름다웠다. 우리나라 겨울 별자리인 오리온 별 3개가 하늘 가운데 너무도 선명히 빛난다. 유년 시절 하늘의 별을 보고 '저 별은 나의 별, 별 하나 콩콩 별 둘 콩콩'하던 이야기가 새롭게 와 닿는다. 이렇게 선명하게 하늘을 수놓은 별들을 보기는 처음이라는 말이 맞겠다. 얼마나 청청지역인지 반딧불이 여기저기서 깝죽거린다. 유년의 꿈이 막 꿈틀거리며 달아오르는 느낌 같았다.

아침 5시경 숙소 정리를 하고 아침을 때웠다. 아침이라야 우리가 가져간 빵, 사과, 토마토, 계란이 전부다. 허기를 때울 정도는 되었다. 이런 숙소에 아침을 제공할 턱은 없다. 그래 미리 준비한 먹을거리들이 효자

노릇을 했다. 아내는 모닝커피 타령이다. 마침 믹스커피 두 개를 가져온 덕에 상큼한 커피 향을 즐겼다.

어제 저녁에 이 동네 토박이 한 젊은 양반이 내일 아침 당나귀를 타고 오르막 트래킹을 할 거냐고 묻는다. 아내가 너무 힘들어해서 당나귀를 타고 오르는 것이 귀가하는 데 큰 보탬이 될 것 같아 가격을 물어보니 60솔(2만 4천 원)을 내란다. 이게 사실 공식 가격이다. 그런데 오늘은 별로 사람이 없다. 어차피 당나귀들이 아침 6시 30분경에는 콜까 마을 카바나콘데까지 무조건 올라가 다른 생필품을 싣고 내려와야 하니 빈 것으로 올라가기보다는 좀 할인해서라도 사람을 태우고 올라가는 것이 유리하다. 그래 20솔을 깎아 우리 내외가 100솔에 흥정하고 타고 오르기로 했다.

짐을 정리하고 당나귀 우리가 있는 곳으로 이동했다. 오늘은 영 손님이 없다. 우리 내외 그리고 우루과이에서 온 아가씨 그리고 수도 리마에서 온 아가씨 네 명이 전부다. 전에 왔을 때는 거의 십여 명이 당나귀 트래킹을 하는 것을 본 적이 있었다. 신년 벽두라 손님이 영 없어 좀 미안하다. 그래도 4명 정도면 하루 벌이 치고는 그리 나쁜 날은 아니다. 우리 돈으로 한 십만 원 벌이는 되니.

아내는 당나귀 타고 오르는 것이 무섭다고 벌벌 떤다. 오늘 우리를 안내한 '용'이라는 젊은 당나귀 마부는 경력 십 년 차 지금까지 단 한 건의 사고도 없었다고 걱정 말라고 몇 번이고 당부를 한다. 스릴을 즐기는 나도 왠지 겁이 와락 났다. 죽기 아니면 까무러치는 마음으로 아내도, 나도 당나귀 등에 올랐다. 생각했던 것보다는 안정감이 있었다. 안장 바로 앞에 손잡이가 있어 이것만 놓치지 않으면 안전에는 별 이상 없겠다. 아내 당나귀가 선두 주자다. 바로 뒤에 필자가 따랐다. 필자 뒤에 용 마부가 전체 당나귀를 지휘했다.

헌데 이 용이라는 마부는 그냥 걷는다. 처음에 같이 당나귀를 타고 오를 줄 알았는데 자기는 걷는 게 편하단다. 우리는 타고 누구는 걷고 처음에 마음에 부담이 되어 발걸음이 무거웠다. 이 친구 발걸음이 얼마나 날렵한지 당나귀 발걸음보다는 더 빠르다. 이놈의 당나귀들이 용 마부의 말을 하나도 놓치지 않고 다 알아듣는다. 숨이 좀 차 뭐라 하면 그 자리에 서서 숨을 한번 몰아쉰 후 오른다. 고산에 단련된 용 마부는 아무렇지 않은 듯이 걸어오른다. 참 대단해 보였다. 마치 네팔 고산 트래킹의 도우미 셀파 같았다.

당나귀를 타고 오르면서 어제 이 길을 우리가 어떻게 내려왔을까 하는 의문표가 절로 생겼다. 얼마나 급경사인지 그리고 얼마나 급커브인지. 일정의 돈은 지불하지만 당나귀한테 미안한 마음이 들었다. 이 동물이 무슨 죄가 있으면 이런 급경사 오르막길을 매일 한 번 이상 봉사를 해

▶ 콜카 계곡 오아시스 마을이 한눈에

야 하니 이 힘든 과정을 누가 알아주겠나? 제대로 먹기는 먹고 오르나 하는 생각도 들었다.

잠시 쉬는 시간에 용 마부한테 당나귀가 불쌍하지 않느냐 했더니 당나귀는 가만히 놀리면 빨리 죽는다나? 일을 시켜야 건강하단다. 우리처럼 한 7십여 킬로그램 나가는 사람을 싣고 오르기는 식은 죽 먹기란다. 보통 120킬로그램 정도 무게를 등에 실어야 적정 무게란다. 그래도 안쓰러운 마음이 들었다. 출발해서 약 1시간 30분이 걸려 목적지 전망대에 도착했다.

우리가 당나귀 트래킹을 하는 동안에 새벽 벽두에 출발한 트래커들이 정상 2/3 지점까지 올랐다. 보통 내려오는 데 세 시간 올라오는 데 네 시간인데 이들은 거의 세 시간 이상 걸은 셈이다. 젊음이 좋긴 좋은 모양이다. 나도 혼자라면 이들과 더불어 걸어오를 수 있지만 아내는 죽어도 걸어 오를 수 없다고 떼를 쓰는 바람에 오늘 특별 당나귀 트래킹을 한 셈이다.

▶ 부부 함께 무사히 다 올랐어요.

처음에 무서워서 벌벌 떨던 아내는 시간이 지나면서 당나귀 조정 운전을 잘도 했다. 잠시 쉴 때는 줄을 당겨 신호를 보내고 가자고 할 때는 뒤 엉덩이를 살짝 치니 말을 잘 듣는다. 뒤뚱거리며 오르는 재미로 시간 가는 줄을 모르겠다. 오르면서 좌우에 펼쳐진 대자연을 감상하는 것도 큰 즐거움이었다.

목적지에 도착해 내리니 타고 오르면서 용을 써서 그런지 사타구니 근육이 얼어 버렸다. 한참을 적응한 후에야 발걸음이 옮겨졌다. 전망대에서 카바나콘데 광장까지는 거의 1킬로미터이다. 이 길을 걸으며 몸의 균형을 잡았다. 난생처음 해본 당나귀 트래킹 이것 또한 이색 여행의 한 페이지로 영원히 남겠다. 단 한 살이라도 젊을 때 더 많은 트래킹을 해야겠다는 생각이 들었다. 나이가 들면 관광을 할 수 있어도 여행은 좀 어렵겠다는 생각이 들었다.

갑오년 새해 벽두에 사랑하는 아내랑 세계에서 제일 깊고 길다는 페루 아레키파 콜까 계곡 트래킹은 평생 동안 두고두고 아름다운 추억으로 남을 것 같다. 평소 아내의 귀중함을 남편의 소중함을 별로 몰랐던 우리 내외는 이번 트래킹을 통해 서로를 적극 존중하고 내가 늘 봉사하는 부부가 되겠다는 새로운 각오를 다지는 계기가 되었다. 예순 넘긴 부부함께 KOICA 사랑의 에너지가 더 충전된 것 같아 감사하기 짝이 없는 느낌이었다. 오, 감사 감격 감동의 콜까 트래킹이었다.

아마존 원주민들과 함께했던 행복

어제 오후 자연 친화적 동물원에서 우리의 상상을 뛰어넘는 아마존 동물들과 정말 재미나게 놀았던 기억이 선명했다. 또 칠흑 같은 밤에 아마존 좁은 지류 오솔길 같은 물살을 가르며 지상의 파라다이스 같은 레몬트리 로지에서 하룻밤을 보낸 것도 두고두고 기억에 남을 것 같다. 특히 밤에 불빛 하나 없는 아마존 정글에서 맞아본 별들의 파노라마는 정말 환상 그 자체였다.

칠흑 같은 아마존의 밤하늘을 올려다봤다. 우리 부부는 자연스럽게 탄성이 터져 나왔다. 지구에서 보이는 별들이 이렇게 많은지 미처 몰랐다. 청정지역으로 알려진 세계 여러 곳에서 밤하늘을 봤지만 이렇게 많은 별을 본 적이 없다. 마치 은가루 금가루를 골고루 흩어놓은 듯했다. 그리고 별들이 얼마나 크고 선명한지. 내일은 또 이 아마존이 어떤 신비한 풍광들이 우리 마음을 뒤흔들어 놓을까?

전기가 없는 세상 인터넷과 TV와의 완전 단절이다. 전화기 충전을 못해 통신도 두절 상태다. 자연스럽게 외부세계는 기억에서 잊혀갔다. 이틀쯤 지나자 이곳에 들어온 지 일주일쯤 된 듯한 착각이 들었다. 아마존에서 맛보는 대자연의 신비도 순식간에 이곳 생활에 빠지게 하는 흡인력을 지녔다. 이삼십 미터가 넘는 나무들 사이로 난 아마존 강 중에 실핏줄 같은 검은 갈색 물 사이로 난 오솔길 같은 지류, 크기가 1미터 이상 넘는 부엉이나비 등 희귀 동물, 둘레가 십 미터가 넘는 거목들이 현대 문명에 찌든 여행객들 마음을 치유하기에 충분했다. 오늘은 아마존 원주민들이 사는 마을을 탐방했다. TV 다큐멘터리에서 많이 본 그런 원주민 부족들이 사는 마을이었다. 남녀 모두 가슴을 드러내놓고 사는 그런 마을이었다. 한 5십여 가구 2백여 명 정도 살고 있단다. 수렵과 고기잡이로 생계를 유지하고 있다. 최근 들어 아마존 강 육지 일부를 개간해 농사도 짓고 기념품을 만들어 파는 등 상혼에 제법 익숙해져 있는 부족이었다.

여기 원주민 마을은 이젠 여행객들 상태로 그들의 삶을 보여주고 돈을 벌어 제법 문명의 이기를 즐길 줄 아는 모습이었다. 그들의 전통 춤도 보여주고 같이 어울려 손을 잡고 춤도 추고 그러면서 팁도 받고. 이들이 연주하는 전통 음악에 맞춰 같이 어울려 춤을 춰보니 이들이 비록 문명의 이기와는 거리가 멀지만 참 자유 속에 행복을 누리고 있는 듯했다. 우리가 흔히 말하는 행복지수는 우리보다 훨씬 높겠다는 생각이 들었다.

이들이 정글에서 사냥할 때 사용하는 독침 총을 입으로 불어 목표물에 정확히 맞히는 체험도 해봤다. 아직도 이들은 이 독침 재래식 총으로 각종 동물을 사냥한다고 한다. 필자도 직접 입으로 불어 목표물을 맞히는 체험을 해봤다. 순전히 요령과 노하우가 있어야 직접 사냥을 하겠다. 아마존 사람들 아마존 환경에서 그들만의 고유의 전통과 경험으로 유연하게 살아가고 이었다.

특히 여기 사는 아이들이 무척 안쓰러워 보였다. 맨발에 겨우 주요 부분만 가렸다. 학교가 있어 최소한의 교육은 받는지? 필자가 보기로는 주변에 학교가 있을 것 같지 않았다. 그래도 천진난만하게 같이 사진을 찍고는 '원 달러' 하고 손을 내민다. 그들의 손에 1솔(400원)을 쥐어 주니 해맑게 웃는다. 주는 우리나 받는 아이나 모두가 즐겁다. 이런 걸 정이라고 할까?

이스라엘에서 온 노부부와 자연스럽게 친해졌다. 이들도 예순을 훌쩍 넘긴 부부였다. 레이나라는 아내는 중등학교 역사 선생님으로 정년을 했단다. 남편은 컴퓨터 엔지니어로 이젠 일을 접고 부부가 함께 세계 여행을 한단다. 레이나는 현재 우리나라에서 일어나고 있는 남북관계 현실을 자세히 알고 있었다. 장성택 처형 등. 필자도 예전에 이스라엘 방문했던 추억을 되살려 키부츠, 마사다, 사해, 독립 영웅 벤구리온, 현 네타냐후 총리 등을 주워섬기자 금세 친해졌다. 오전 내내 같이 붙어 다니며 이런저런 이야기로 또 하나 추억을 만들었다.

아마존은 정말 대단한 대자연이다. 남미 대륙 약 6십 퍼센트가 아마존과 연관되어 있다. 전 세계 삼림의 3십 퍼센트로 우리가 흔히 말하는 지구의 허파이다. 연중 강수량이 오륙천 밀리리터로 아마존 강 수위를 늘 그대로 유지시키고 있다. 아직도 문명의 이기와 단절되어 사는 부족들이 더러 있다고 한다.

오늘 필자가 방문한 원주민들도 문명 이기와 접한 지 그리 오래되어 보이지 않았다. 이들이 외지로 나가 현대 문명과 더불어 살기는 힘들고 그렇다고 현대 문명의 혜택을 받으며 자기 고유의 삶의 형태를 팽개치기는 그들의 삶의 DNA 상 맞지 않다. 이 아마존에 태어나 문명에 편승해 살기보다는 자기들의 정체성을 유지하며 살아가는 것이 더 편해 보였

원주민 할머니와 신바람 나는 춤 한판

현지 아이들 우린 행복해요.

독침을 불어 사냥하는 시범을 보이며

마음씨 고운 현지인과

다. 이들이 전통적으로 재능이 부족해서도 아니다. 똑같은 사람이다. 단지 환경이 그들의 삶을 이렇게 만든 것뿐이다.

하나님이 천지를 창조할 때 다양성을 최우선 덕목으로 창조하셨다. 문명과 비문명은 분명 다양성이다. 옳고 그럼이 아니다. 모두가 어울리면 조화가 되는 것이다. 필자도 부부함께 KOICA 시니어 단원으로 이 땅에서 다양성을 인정하며 아이들을 인간답게 사랑해 보려는 마음이다.

1박2일 동안 정들었던 우리 그룹의 젊은 부부 2쌍이 오늘 오후 2시경 떠났다. 이들은 1박 2일로 아마존을 탐방했다. 우리는 아직도 하루 더 남았다. 이들과 같이 어울려 나눈 정도 무척 귀하다. 같이 머리를 맞대고는 식사를 같이 했으며 서로 사진기사가 되어 서로를 찍어 주고 정글 탐방 때 외나무다리 건넬 때 서로 손을 잡아 도와주었던 일도 한 페이지 추억으로 남을 것 같았다.

KOICA 모집 홍보 MBC 부부함께 촬영

이 땅에 발을 들여놓은 지 만 1년, 낯설고 물 설은 이 땅에 지금 내가 존재하고 있다는 것만도 그저 감사할 뿐이다. 처음에 예순을 넘긴 우리 부부가 과연 이 땅에서 아이들에게 꿈과 용기를 심어 줄 수 있을까 하는 두려움이 엄습해 괜히 KOICA 시니어 단원으로 지원했나 하는 자책도 있었지만 지금 부부함께 KOICA 사랑을 실천하고 있은 우리 부부는 한없는 자부심과 함께 큰 보람을 느끼고 있다.

우선 페루 제2의 도시 아레키파 농촌 마을 초등학교에서 나눔과 섬김의 봉사로 아내는 음악 교육을, 필자는 수학 교육을 하면서 마음에 와 닿는 기쁨은 이루 말할 수 없을 정도로 크다. 필자의 경우 열악한 교육 환경 때문에 교과서에 뻔히 있는 내용을 전혀 학습하지 못하는 부분을 우리 KOICA 현장교육활동비로 각종 자료를 구입해 지도하면서 아이들이 즐거워하며 만족해하는 모습은 내게 그림 같은 이야기를 만들어 가는 한 페이지 같다.

아내는 이 땅 아이들에서 음악이라는 낯선 교과를 지도하면서 제2의 인생을 새로 시작하는 기분이라고 늘 감사한 말을 되뇌고 있다. 음악이라는 교과는 있지만 교육 과정에 정식으로 편성되지 못하고 찬밥 신세로 뒷전에서 서러움을 당해야만 했다. 이유는 음악을 지도할 자료가 전무하기 때문에 그렇다. 이런 아픔을 우리 KOICA에서 지원하는 현장교육 활동비로 초등학교에 필요한 각종 악기를 대부분 구입했다. 이 자료를 통한 음악 기초부터 시작한 음악 교육이 근 1년이 다 되어 현재 제법 모양새를 갖춰가고 있어 그 기쁨은 이루 말할 수 없다.

이런 서로의 마음이 서로 교감되어 수학 교육과 음악 교육에 각자의 위치에서 나누고 섬기는 봉사가 하나하나 열매를 맺어가는 것 같아 부부함께 KOICA 시니어 단원으로 페루에 참 잘 왔구나 하는 생각이 절로 들었다. 우린 늘 가슴에 새기며 입버릇처럼 나누는 말이 '제2막의 인생으로 봉사하는 일에 늘 감사하자, 내가 하고 건강하게 나누는 일에 감격하자, 아이들이 즐거워하는 모습에 같이 감동하자'이다.

부족한 예순 넘긴 부부함께 KOICA 시니어 단원으로 봉사의 삶을 재미나게 하고 있다는 소식을 어디서 들었는지 MBC KOICA 모집 홍보 광고 방송 40초짜리 촬영을 온다는 연락을 2주 전에 받았다. '아니, 왜 이리도 나이가 든 예순 넘긴 우리 부부를 하필?' 하는 걱정이 엄습했다. 그러면서도 내심 이것도 하늘이 내린 절호의 기회라는 것으로 믿고 적극적으로 수용하기로 했다. 이유는 부부 함께라는 것과 초등교육 분야라는 특색이 있어 그렇다. 우리 페루 사무소에서도 광고 촬영 후 페루 편이 나간다는 자부심에 소장님의 격려 축하 메시지도 있었다.

지난 4월 28일 MBC 산하 녹양 촬영 제작진 이세민 PD가 오후 1시 반에 도착했다, 공항에서 맞아 예약해 놓은 시내 중심지 '가필도'라는 호텔까지 모셨다. 첫눈에 PD로 많은 경험이 있는 젊은이로 장래가 촉망되어 보였다. 우선 서글서글한 성격에 자기 분야에 해박한 지식을 갖고 있었다. 촌수를 대어 보니 우리 아들보다 한 살 어린 PD라 마치 우리 아들 대하듯 마음이 여유로웠다. 필자가 우즈베키스탄과 이란에 근무할 때 몇 번의 출연 경험이 있어 PD를 영접하고 같이 나누는 일이 그리 어렵지만은 않았다.

4월 29일 필자 학교를 방문해 필자가 가르치는 수학 수업 장면을 촬영했다. 필자는 칠교판으로 도형 학습 지도를 했다. 우선 화려한 색상과 다양한 도형을 만드는 즐거움이 가미된 수업이었다. 그외 아이들과 각종 인터뷰하기, 재미나게 등교하는 모습, 교장 선생님과 인터뷰 등 이 PD만의 프로그램을 유감없이 발휘하며 촬영해 나갔다. 필자도 수학 학습지도 노하우가 있어 전혀 흔들림 없이 촬영에 적극 힘을 실어 주었다. 첫날 촬영은 비교적 성공적이었다.

4월 30일 아내의 학교 음악 학습 지도 장면 촬영은 필자가 지도하는 수학 학습 지도에 비해 훨씬 더 역동적이고 재미났다. 리듬합주 연주 장면, 한국 아리랑 부르기 장면, 바이올린 연주 장면 등. 수업 장면은 그 정도하고 이외 전통 춤 공연 촬영, 아이들과 핸드 페인팅으로 얼굴과 손등에 태극기와 페루 국기 그리기 등 정말 KOICA 홍보 광고 효과로 최적인 내용을 촬영했다. 특히 전교생이 모여 태극기와 페루 국기를 흔들며 '글시아스 KOICA' 하는 우렁찬 함성은 오늘 촬영의 하이라이트였다.

끝으로 부부함께 KOICA 사랑 주제를 부각시키기 위해 부부가 함께 손잡고 걷고 대화하기, 사랑하는 아이들을 가슴에 품어 주는 장면 등도 촬영했다. 쉬울 것만 같았던 출연이 무척이나 힘들었다. 자연스러운 장면을 촬영하기 위해 몇 번이나 반복해서 출연하는 과정 또한 힘들었다.

▶ 페루와 한국사랑 페인팅

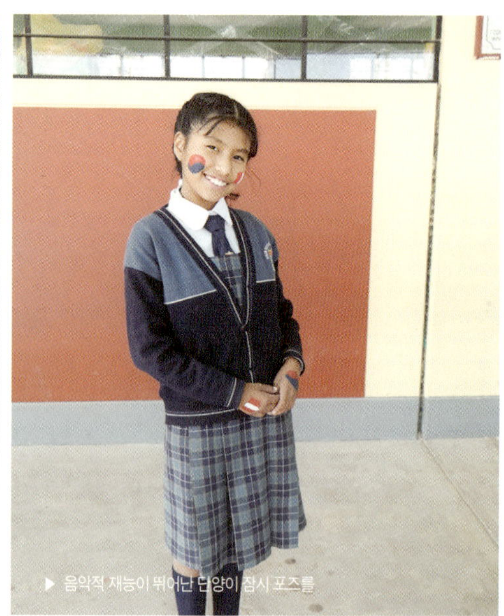
▶ 음악적 재능이 뛰어난 단양이 잠시 포즈를

▶ 아이들 사랑을 촬영하며

그러나 모든 과정을 끝내고 느끼는 환희는 이루 말할 수 없었다.

이번 부부함께 시니어 단원 KOICA 사랑 촬영 목적은 교직이나 각종 자기 전문 분야에서 은퇴를 하고 보람 있는 제2의 인생을 살기를 원하는 모든 분들에게 KOICA를 지원해 그 기쁨을 누려 보시라는 취지이다. 6월 중순경 KOICA 모집 홍보 광고 방송이 하루 3회 약 2주간 나간다고 하니 가슴이 막 달아오른다. 끝으로 이런 빛나는 촬영 자리를 마련해준 KOICA 당국과 MBC 에 무한한 감사를 드린다. 그리고 근 나흘 동안 우리 부부 촬영, 시내 풍경 스케치 등을 촬영한다고 수고한 이 PD께 진심으로 감사를 드린다. 그리고 이 PD를 적극 도와 준 83기 태권도 박현수 단원의 봉사에도 박수를 보낸다.

KOICA 현지평가회의에서 얻은 교훈

작년 6월 말에 이 땅에서 봉사를 시작하면서 정보와 자신감 부족 등 앞에 가로놓인 장애물들이 꽤나 많았다. 그러나 이런 기우들이 하나둘 걷히면서 봉사의 참의미를 이해하고 나누고 섬기는 진정한 봉사를 자그맣게 실천하면서 마음에 와 닿는 감회가 무척 컸다.

이런 삶 속에 현지평가회의가 기대 속에 지난 5월 6일부터 5월 9일까지 4박5일 동안 정한 시각에 시작되어 정한 시각에 무사히 마무리되었다. 참 재미있고 유익하고 값진 현지평가회의로 평가하고 싶다.

이번 현지평가회의를 통해 얻은 유익한 점과 느낀 점을 나름대로 몇 가지 지적한다면 첫째 KOICA 사랑을 듬뿍 받았다. 19명의 단원들이 수도 리마로 이동하는 왕복 교통비, 정기 건강검진 비용, 나흘 동안 숙박비, 식비 및 현지 교통비 등 대략 1인당 천 불 이상에 가까운 경비를 국고에서 지원해 준 셈이다. 이 얼마나 감사한 일인가? 때마다 거나한 찬으로 먹은 끼니는 현지 봉사지에서 구경도 하기 어려운 음식들이 수두룩했다. 친목 체육대회 때 상품으로 준 생활에 필요한 상품 등으로 KOICA와 무척 가까워진 느낌과 감사한 마음이 가득하였다.

둘째, 단원과의 친목을 다지는 값진 시간이 되었다. 작년 6월 말 각자의 임지로 흩어진 이후 메일로 전화로는 종종 연락했지만 직접 만나서 그동안의 회포를 나누는 것은 무척 의미 깊었다. 어울려 같이 건강검진도 받고 검진 중간 여유 시간에 즐거웠던 추억을 되살리고 살면서 아쉬웠던 점도 서로 나누었다. 둘째 날 오전 약 3시간 동안 있었던 친목 체육대회는 단원들의 심신을 한꺼번에 고양시키는 즐거운 시간이었다. 조금 어색한 분위기가 일순간 반전되어 자기 팀의 승리를 위해 혼신의 힘을 발휘하는 모습은 친목을 도모하는 최상의 체육 이벤트였다. 늘 오늘만 같으면 KOICA 봉사 정말 재미나겠다.

셋째, 다양한 정보를 공유하는 기회가 되었다. 현대는 정보와 싸움에서 이겨야 성공할 수 있다고 한다. 소그룹 토의와 같은 분야의 정보 교환 토의는 정말로 유익한 시간이었다. 한 예로 초등교육 분야는 우리 내외가 근 4십여 년 잔뼈가 굵은 시니어 단원으로 젊은 단원들에게 조언하고 싶은 내용이 무척 많았다. '늘 중용하는 마음으로 가르쳐라, 너무 욕심내지마라, 안 되면 안 되는 대로 내일이 또 있다, 나도 어린이다.' 초청 특강도 젊은 단원들에게 무척 유익했다. 비전 제시와 꿈과 도전의 물꼬를 열어 준 특강이었다. 모두가 정보요 돈이다.

마지막으로 새로운 각오를 다지는 기회가 되었다. 사람이 사람을 만나지 않으면 자기가 하는 일이 다 옳은 줄 안다. 그리고 복지부동하는 자세로 안주하려고 한다. 정보를 얻고 실제 유익한 경험을 듣고 내 삶의 일부로 받아들이려는 마음이 있어야 발전하고 전진하는 것이다.

필자는 비록 예순 중반을 바라보는 시니어 단원이지만 이번 현지평가회의에서 새로운 각오를 몇 가지 다짐해 봤다. 스페인어 공부 시간을 더 늘리자. 그리고 매일 스페인어 성경 요절 3개 이상을 외우자. 중단 없이 일기를 계속 쓰자. 하루 5킬로미터 이상 조깅을 하자. 어려운 사람을 늘 염두에 두고 많이 도와주자. 같이 봉사하는 아내한테 더 잘하자. 일상의 일들이지만 더 마음을 다잡아먹고 일상에 더 적극적으로 실천하는 자세를 가지자.

다시 한 번 더 KOICA 봉사 단원임을 자랑스럽게 생각하며 또 다가올 다음 현지평가회의를 기대하며 이번 현지평가회의의 모든 이야기를 마무리하고자 한다.

▶ 우리 부부는 늘 하나

KOICA 사랑에 감동한 학부모님들

이 땅에 살면서 아이들이 제대로 누려야 할 권리를 누리지 못하는 것이 늘 마음에 아픔으로 와 닿았다. 교육 예산이 턱없이 부족하니 눈에는 뻔히 보이지만 아이들을 위한 편의 시설을 진행하기는 한참 역부족이다. 그중에서도 운동장에 아이들이 즐길 수 있는 놀이기구가 하나도 없으니 필자의 마음은 늘 무겁고 안쓰럽기만 했다.

아이들이 그네를 타고 미끄럼틀을 타며 구름사다리를 오르내리면서 친구들과 우정을 다지면서 인성을 기르는 활동을 했으면 얼마나 좋을까 하는 생각이 늘 내 마음을 사로잡았다. 이게 페루 농촌 마을 학교에서 봉사하면서 느끼는 진정한 KOICA 사랑인지도 모른다.

그러던 중 지난 7월 중순에 페루 KOICA 사무소 송창훈 소장님이 우리 학교를 방문하셨다. 그때 필자가 지도한 학생들 음악 발표회 모습을 보시고 응원의 큰 박수를 보내주셨다. 농촌 학교 아이들이 음악 불모지나 다름없는 환경에서 음악 교육을 잘 소화해 내는 모습 보시고 입에 침이 마르도록 칭찬을 해주셨다. 필자도 큰 보람을 느꼈다.

이때 필자의 마음속에 있던 소원 한 가지 '소장님 이 맨땅 운동장에 아이들이 마음껏 뛰놀 수 있는 놀이 시설 기구 설치를 현장사업으로 한번 고려해 주시면 어떨까요?' 하고 염치 불구하고 말씀을 드렸더니 금세 한 번 고려해 보겠다는 긍정적인 대답이 있었다. 그러시면서 일회용 선물이 아니라 어려운 환경에서 공부하는 아이들이 더 밝게 건전하게 교육받는 교육의 장이 되었으면 좋겠다는 조언도 있었다. 이어서 이런 사업이 아레키파 교육 현장에 크게 파급 효과를 내었으면 좋겠다는 말씀도 해주셨다.

이후 소정의 계획서를 제출하고 부족한 부분을 보완해 소정의 심사를 거쳐 지난 7월 중순경 학교 현장사업 승인이 났다는 소식을 들었다. 그동안 마음고생이 컸는데 사업 승인이 났다는 연락을 받고 얼마나 기뻤던지 밤에 잠을 설칠 정도였다. 아이들이 노래를 부르며 시소를 타는 모습, 서로 당겨 주고 밀어 주며 그네를 타는 모습이 그려져 나도 모르게 가슴이 뭉클해졌다.

지난 7월 28일 방학이 시작되는 동시에 학교장과 의논해 사업자를 선정하고 사업에 바로 착수했다. 놀이기구 설치 내용은 미끄럼틀 큰 것 1개과 작은 것 1개 총 2개, 2인 1조 총 6명이 놀 수 있는 시이소, 3인용 그네, 직각 구름사다리, 반원형 구름사다리, 지구본 회전 놀이기구 등 그야말로 농촌 어린이들이 놀 수 있는 최적의 놀이 시설이다. 우리 학교의 한 반 평균 학생 수가 25명인 것을 감안하면 한 반이 통합교육으로 얼마든지 놀 수 있는 놀이 시설 공간이다.

현장사업이 생각보다 빠르게 진행되어 개학 이틀을 앞두고 거의 마무리 단계에 들어섰다. 좀 더 안전하게 설치하기 위해 큰 미끄럼틀 받침대를 더 고정시켰다. 교장 선생님도 이번 방학은 없었다. 필자에게 늘

'KOICA 감사해요. 로싯다 고마워요' 하고 '그라시아'를 달고 살았다.

드디어 개학날 필자는 남편과 함께 학교로 향했다. 잔금을 지불하고 사업 2차 보고서를 작성하기 위해 현장 모습을 촬영하기 위해서였다. 좀 이른 시간에 학교에 갔더니 먼저 온 아이들이 놀이기구를 타고 노는 것이 아닌가? 몇몇 아이들이 몰려와 필자 품에 안긴다. 아이들이 연신 고맙다고 인사를 했다.

아침 조회 때 교장 선생님이 놀이기구 설치에 대한 장황하게 설명하셨다. 모두가 'KOICA 감사해요. 로샤 선생님 감사해요' 하고 박수를 보내왔다. 기쁨과 감사로 가슴이 벅차고 눈시울이 뜨거워졌다. 그동안 아이들이 놀 수 있는 시설이 없다가 하늘의 선물처럼 떨어진 놀이기구를 타고 즐기는 모습은 필자가 4십여 년의 교직 생활 중 제일 큰 감동으로 와닿았다.

문제는 맨땅에 놀이기구를 설치해 안전에 다소 문제가 있어 일단 놀이기구를 당분간 사용하지 못하도록 했다. 백여 평의 놀이 시설 바닥에 잔디를 깔기로 했다. 이 작업에 학부모 동원령을 내렸더니 전교생의 모든 학부모님들이 하나같이 다 모였다. 약 9십여 명의 학부모님들이 지난 8월 26일 오전 한나절 동안 그야말로 KOICA 사랑에 감동되었는지 혼신의 힘을 기울여 그 넓은 맨땅에 잔디를 정성을 담아 심었다. 이 광경을 지켜보며 필자는 이렇게 KOICA를 사랑해주는데 더 자세를 낮추어 섬기고 나누어야겠다는 마음을 다잡아먹었다.

우리 동네 이웃에 몇몇 공사립 학교가 있지만 어린이들이 마음껏 놀 수 있는 놀이기구 시설이 있는 학교는 우리 학교뿐이라는데 너무 감사했

▶ KOICA가 기증한 놀이기구를 타고 놀며

▶ 학교 성과 발표를 관람하는 아이들

다. 특히 많은 어머니들이 어린 아기를 등에 업고 자원 봉사자로 나와 학교를 봉사하는 모습에 또 한 번 감사의 말이 입에서 저절로 터져 나왔다.

예순 넘긴 부부함께 페루 아레키파 시골 학교에서 KOICA 사랑을 실천하면서 느끼는 감회는 이루 말할 수 없을 정도로 많다. 눈높이를 조금 낮춰 주위를 살펴보면 모든 일상들이 우리가 나누고 섬겨야 할 부분들이다. 현실에 안주하지 말고 나누고 섬겨야 일들이 또 어디에 있는지 늘 살펴야 하겠다. 대한민국의 KOICA가 세계의 공여기관으로 그 위상이 날로 새로워지면서 비상하고 있다. 'KOICA 감사해요. 우리 놀이기구 마음껏 타고 놀면서 꿈을 키울게요.' 아이들 함성이 귀에 메아리로 영원히 남을 것 같다.

놀이 시설 개장 소식 신문에 났어요

드디어 놀이기구 개장식이 지난 10월 10일(금요일) 있었다. 그동안 놀이 시설 이용 안전을 위해서 심어 놓은 잔디가 잘 활착되도록 약 한 달간 아이들의 출입을 금했다. 아이들이 학교 규칙을 어찌나 잘 따르는지? 그동안 단 한 명의 어린이도 잔디가 활착될 때까지 들어가지 않았다.

이날 개장식을 축하해주기 위해 페루 KOICA 사무소 유 관리요원과 양 관리요원, 인턴 정 선생, 안전 지킴이 호르헤 총 4명이 참석했다. 그외 아레키파 단원 4명 그리고 태권도 협력 요원 우 사범도 참석했다. 모두가 KOICA로 하나되는 축하행사였다. 또 학교 당국에서 개장식 준비를 너무도 철저히 해 진행되는 데 아무런 어려움이 없었다.

마틸데 교장 선생님이 지역 방송국 및 신문사에 연락해 댓 명에 가까운 기자들도 참석해 아름다운 이야기를 취재했다. 이 기사가 바로 다음날 토요일 지역 신문 3곳에 일제히 보도되었다. 특히 《플레블로》 신문 첫 지면에 개장식 기념 바이올린을 연주하는 그림이 대문짝만 하게 게재되었다. 그외 《코레오》 신문, 《라 보즈》 신문 등에도 비슷한 기사가 실렸다. 한국 공여 기관 KOICA가 페루의 어려운 학교에 자원 봉사 교사로 아이들을 가르치고 부족한 놀이 시설을 공여했다는 내용이다. 한국과 페루의 우호관계가 한층 더 돈독해졌다는 기사이다. 지역 텔레비전에도

KOICA에서 기증한 놀이 시설 개장

KOICA 지원 너무너무 감사해요.

꼭두각시 춤 공연과 놀이 시설 기증 신문에 실리다.

한국 자원 봉사 교사가 바이올린 가르쳐요.

e de 2014

AREQUIPA

FOTOS: CLAUDIA ALMANZ

NIÑOS. COLEGIO RECIBIÓ DONACIÓN

Ayuda internacional

Koica entregó patio de juegos, instrumentos y cultura

oreana enseña a tocar violín a

OMBRE ES JUNG OG HONG Y SU PAÍS DE PROCEDENCIA ES COREA DEL SUR, QUIEN SE VINO PARA ENSEÑAR A TOCA
N EN SEMI RURAL PACHACÚTEC, a los cuales les obsequió el instrumento y ahora dirige una pequeña orquesta. Co
en como "Rosita" y ella está decidida a continuar su filantrópica labor.

간단한 소개 방송이 있었다고 한다.

이날 개장식 행사 때 아이들이 'KOICA 감사해요. 로샤 선생님 감사해요' 하고 박수로 환영했다. 그동안 아이들과 함께 학습한 바이올린 및 리코더로 우리 나라 민요 아리랑을 연주해 개장식을 빛냈다. 모두가 기쁨이 충만한 행사였다.

단원들이 하나되어 가을 김장을

페루는 지난 3월부터 가을에 접어들었다. 우리나라처럼 가을에 단풍이 들고 오곡이 무르익는 가을과는 분위기가 영 다르다. 여름철에 태양고도가 높았던 고도가 남쪽으로 제법 기울어져 낮은 서서히 짧아지고 밤은 점점 길어지는 계절로 변한 것이다. 여기 사계절은 기온 차이가 크게 나지 않는다. 아침 기온이 여름보다는 한 이삼 도 정도 낮아질 뿐이다. 이곳이 지리적 특징이 해발고도가 높고 안데스 고봉에 만년설이 있어 일 년 내내 기온 차이가 그리 크지 않은 것이 특징이다.

가을에 접어들면서 여기 KOICA의 젊은 단원들이 우리 내외에게 하루 날을 잡아 가을 김장을 하자고 조른다. 먼 이국땅에서 과연 김장을 담그는 일이 가능할까? 자기가 노력만 하면 얼마든지 가능하다. 한 달 전에 신규 단원 네 분이 이곳 아레키파에 도착해 이젠 겨우 주거지를 구하고 숨쉬기가 좀 나은 모양이다. 그래서 김치가 때마다 당기는 모양이다. 그래 우리 내외한테 반쯤 떼를 쓰듯이 김장하는 날을 정하자고 조른다.

우리를 포함하여 9명 몫의 김장을 담그는 일은 그리 쉬운 일이 아니다. 우선 배추나 무는 대형마트에서 사면 된다. 문제는 김장 양념을 어떻게 만드느냐가 문제이다. 양념만 준비되면 큰일이 없다. 잘 절인 배추와 무를 잘 버무리면 된다.

필자 내외는 이국 생활이 10년째라 아무리 어려운 환경에서도 살아남는 노하우가 있어 여기서도 재래시장에서 봄 멸치를 사 젓국을 담그고 태양초 고추를 사 믹서에 갈았다. 그 외 양념 재료는 이곳 재래시장 빼스케로에 가면 다 있다. 생강, 마늘, 양파, 파, 사과 등을 사 잘 다듬어 비율을 잘 맞춰 함께 믹서에 갈아 젓국과 버무리면 멋진 양념이 된다. 약 열 포기 이상 담을 양념을 필자가 4월 2일 공휴일을 택해 다 만들어 놓았다. 큰 양동이에 한 통이다.

약속한 4월 3일 금요일 오전 11시에 9명의 단원이 우리 집에 다 모였다. 우리 내외의 짐을 좀 덜기 위해 자기가 가져갈 배추와 무는 자기 준비해 절여 오기로 했다. 1인당 배추 한 포기, 무 2개, 파 2단 정도 제한을 두었다. 양념 양을 맞추기 위해서였다. 우리가 정한 대로 모두가 잘 절여 왔다. 필자는 여자 단원들이 함께 김장을 담그는 동안 돼지 수육을 만들었다. 이곳 돼지는 가격도 무척 싸고 재래종인 경우 맛도 일품이다. 그래 약 3킬로그램 정도를 약한 불에 푹 삶았다. 김장을 다 담근 후 압력밥솥에 갓 한 쌀밥과 함께 먹는 재미는 옆에 누구 한 사람 죽었다 해도 모

▶ 단원들이 모여 재료를 준비하며

를 정도로 그 맛이 일품이었다. 모두가 맛있다고 호호거린다. 이게 남남이지만 KOICA 사랑으로 하나되는 모습이다.

모든 여자 단원들이 마치 내 일처럼 소매를 걷어붙이고 김장을 담그는 모습은 KOICA가 아니고는 상상해 보기 어려운 광경이다. 젊은 단원들의 경우 자기 혼자 힘으로 김치를 담가 먹기는 참 어려운 환경이다. 그 절차도 어렵거니와 재료를 구해서 구색에 맞게 양념을 만드는 일은 더더욱 어렵다. 그래 우리 내외가 사랑하는 마음으로 또 섬기는 자세로 이런 행사를 마련했다.

오늘 아레키파 KOICA 아홉 단원이 하나되어 가을이 익어 가는 길목에 같이 웃음도 나누고 사랑을 나누면서 고향과 부모님을 그리면서 같이 김장을 담갔다. 집 나가면 개고생이라는 말이 있듯이 이런 모임을 통해 서로를 인정하고 존중하는 마음으로 외로움을 달래는 좋은 기회가 되었다고 생각된다. 이 가을에 혹시 입맛이 떨어지는 일 없이 새콤한 김치로 건강도 잘 추스르길 간절히 기도해 본다. 아레키파 아홉 단원 파이팅 늘 건강하소서.

▶ 김치는 이렇게 담그는 거야

일상은 자기가 만들어 가는 것

"업무를 시작하기 전인 아침 시간을 효율적으로 사용하는 것이 성공과 건강에 가장 중요하다." 미국 경제전문지 《포브스(Forbes)》지(誌) 최신호가 강조한 말이다. 《포브스》지는 "성공한 최고경영자(CEO), 정치인, 명사(名士) 가운데에는 '얼리 버드(early bird, 아침형 인간)가 유난히 많다"며 '성공한 사람들이 아침 8시 전에 하는 다섯 가지 습관'을 꼽았다. 필자의 경우 새벽 4시면 하루 일과가 된다. 대신 저녁 9시 전후로 잠자리에 든다. 《포브스》가 지적한 첫 번째는 '가장 하기 싫은 일'을 가장 먼저 하는 것이다. 《포브스》지는 "누구에게나 반드시 해야 하는 일 중에 두려울 정도로 하기 싫은 것이 하나쯤은 있다"며 "어차피 해야 할 일이지만 미루다가 어쩔 수 없는 상황이 올 때까지 하지 않으면 하루 종일 스트레스를 받는데, 스트레스를 벗어나는 가장 간단한 방법은 서둘러 일을 해버리는 것"이라고 밝혔다. 필자의 경우 일을 미루는 경우는 거의 없다. 미리미리가 필자의 일상적인 삶의 방향이다. 《포브스》지는 "간밤에 푹 쉬고 나서 에너지가 가장 넘치는 아침 시간이 하기 싫은 일을 하기에 적당한 때"라며 "하기 싫은 일을 마치고 나면 내일은 오늘보다 더 편한 날이 된다"고 지적했다. 꼭 공감되는 말이다. 두 번째는 운동이다. 미국 디즈니의 로버트 아이거 CEO는 새벽 4시 30분에 일어나 6시까지 운동을 하는 것으로 알려졌다. 아침 운동은 성취감을 주고 잠들었던 몸을 깨워 활기차게 하루를 보낼 수 있도록 한다는 것이다. 《포브스》는 "하루 일과를 마치고 운동을 하느라 피곤한 것도 방지할 수 있다"며 "다른 운동이 어렵다면 일어나서 15분 정도 침대 옆을 걷는 것만으로도 하루를 준비할 수 있다"고 전했다.

필자는 오후 4시 전후로 주로 조깅과 근력 운동으로 체력을 다진다. 많을 땐 8킬로미터 정도 보통 5킬로미터는 기본으로 걷고 뛴다. 그리고 하루 적어도 100회 이상 팔굽혀펴기를 한다. 1.5리터 플라스틱 병에 물을 넣어서 아령 대신으로 이용한다. 세 번째는 정신적 건강을 위한 운동과 준비이다. 《포브스》스는 "아침 8시 이전에 오늘 하루를 어떻게 보낼지, 성공한 자신의 모습이 어떨지 구체적으로 상상하라"며 "단 몇 분간의 긍정적인 상상이 하루를 밝게 할 것"이라고 조언했다. 필자는 아침 눈을 뜨면 하루 할 일을 머릿속에 그린다. 아침 메뉴는 뭐로 하고 학교에서 아이들에게 어떻게 잘 다룰까 하는 생각을 해본다. 그리고 꼭 하루 스페인어 성경 2장을 읽으며 정신적인 안정감을 갖는다. 그리고 간단한 기도의 시간. 또 하루 스페인어 단어 이삼십 개를 꼭 암기하는 훈련을 계속하고 있다. 네 번째는 구체적인 하루 계획을 세우는 일이다. 《포브스》지는 "아침은 사람들이 하루 중 유일하게 조용히 생각할 수 있는 시간"이라며 "아침에 미리 계획을 세워 두면 일과 중 바빠 정신이 없을 때도 일의 우선순위를 잊지 않을 수 있다"고 했다. 마지막으로 아침 식사를 꼭 챙기는 것도 아침 8시 전에 성공한 사람들이 하는 중요 습관이다. 《포브스》는 "빈속에 커피 한 잔 들고 출근하는 것보다는 시리얼(ceral) 한 그릇이라도 먹는 게 낫다"며 "회사 책상에 앉아 회사 앞 샌드위치 집이 열리기만 기다리는 것보다 단 5분이라도 가족과 함께하는 아침 식사 시간을 가져라"고 조언했다. 필자의 경우 아침 5시 30분에서 6시 사이에 아침을 꼭 챙겨 먹는다. 그 양도 저녁 식사 때 양과 비슷하다. 주로 나물과 잡곡밥이 주 메뉴이다.

이런 일상은 오랜 습관이 배어야 가능하다. 필자의 경우 이런 일상이 적어도 4십여 년 전부터 체질화되었다고 생각된다. 비록 성공했다고는 자부하지 않지만 그동안 병원 한 번 가지 않고 건강하게 9년째 해외 생활을 하고 있다. 우즈베키스탄 타슈켄트 한국교육원 원장 3년, 이란 테헤란 한국학교 교장 4년, KOICA 시니어 단원으로 페루에서 2년째 해외 생활을 하고 있으니 남들은 나 보고 성공적인 삶이라고 하는데 필자의 생각으로는 아직도 한참 부족하다고 생각한다. 더 열심히 나누고 섬기고 자기는 낮추고 그런 삶을 더 재미나게 꾸려나가려고 한다.

봉사의 의미 이젠 좀 알 것 같습니다

오늘 오후 12 시 30분에 학교 교육 봉사를 하고 퇴근하는 길에 한 저학년 아이가 뭔가 불안하기에 슬쩍 물어보았더니 멈칫멈칫하더니 집에 갈 차비가 없단다. 학교에서 군것질을 하다 돌아갈 차비가 부족한 모양이다. 그래 1솔(400원)을 쥐어 주었더니 금세 얼굴이 환해진다. 그러면서 어디 사느냐 물었더니 '페루아르보'라는 동네 산단다.

마침 4학년 메일리와 2학년 동생 임마누엘도 그 동네 산단다. 이 아이들이 사는 동네도 알 겸 그리고 어떻게 사는지 알아 볼 겸 지난번 채일락 동네에 이어 이번에도 따라나섰다. 아이들이 같이 가니 즐거운 모양이다. 차비를 내가 같이 내어 주었다. 웃음으로 감사하다고 표현한다.

이 아이들이 사는 동네도 여전히 멀다 한 15분 정도 차를 타고 왔으니 한 10킬로미터 정도는 되겠다. 지난번 채일락 동네하고 비슷하다. 이 동네도 먼지투성이다. 차에서 내려 한 3백 미터 정도 내려가니 자기 집이라고 안내를 하는데 사람이 살 만한 건물 같지 않는데 자기 집이란다. 모자를 푹 눌러 쓴 어머니가 나와 반긴다. 갑작스러운 필자 방문에 무척 놀란다. 그래 선생님이 자기 아이들 무사히 데리고 왔다고 반긴다.

그래도 이 아이들 사는 모습을 보고 가야 하겠다는 마음으로 아이들 손을 꼭 잡고 장난감 같은 양철 대문을 비집고 들어갔다. 한마디로 난민들이 사는 수준의 주거 환경이었다. 아이들이 생활하는 방은 부엌 가재 도구와 함께 어지럽게 널려 있었고 한쪽에 자그마한 방이 하나 더 있는데 그건 문을 열어주지 않는다. 아마 부부 방인가 보다. 우리가 생각하는 보통 집이 아니다. 어른들이 들어가면 머리가 닿을까 말까 하는 방 높이에 방 크기는 한 두어 평 될까 말까 정도로 작다.

겨우 한 사람이 다닐 만한 마당 옆에 닭장을 지어 닭과 칠면조 몇 마리를 키운다. 그 옆에 고기 공급용으로 꾸이도 몇 마리 키운다. 가재도구는 어지럽게 널려 있고 아이들이 공부할 공간은 꿈도 못 꾸겠다. 이런 데서 그래도 배워 보겠다고 학교에 오는 아이들이 대견스러웠다.

이 두 아이가 사는 집을 방문하고 나름대로 얻은 소득은 우리 학교 약 650여 명 전교생 중 이 아이들이 사는 주거 환경과 비슷한 아이들이 절반은 훨씬 넘겠다는 생각이 들었다. 대부분 아이들이 차를 타고 다니고 외모를 볼 때 그 정도 수준으로 짐작되었다. 산언덕 성냥갑만 한 집들이 얼마나 많은가? 돌로 얼기설기 지은 집들이 얼마나 많은가? 이런 우리 집들이 우리 아이들의 집이다. 안 가 봐도 눈에 그려진다.

오래 있기가 그래 두 아이의 손을 꼭 잡아 주며 '부모님 말씀 잘 들어야 한다. 열심히 공부해야 한다' 격려하며 호주머니에 용돈 하라고 동전 몇 개를 넣어 주었다. 아이들이 제대로 못 먹어 학년에 비해 외모가 무척 작아 보인다. 이런 환경에 제대로 먹을 게 있겠나? 우리 학교 아이들 체격이 대체로 작은 편이다. 그 이유도 알겠다.

필자가 수업 전에 출석을 부르면 학급당 평균 10퍼센트 정도는 결석이다. 장기 결석자도 한두 명 정도 있다. 그 이유도 알겠다. 우선 살기 급

집으로 돌아가는 차를 기다리며

누나 카렌 동생 호세

한데 학교는 뒷전이 되겠다. 먹을 게 그렇고 차비도 있어야 학교에 가지. 이런 모습이 우리 아이들의 보통 모습이다. 아이들이 제법 반듯한 교복을 입고 다닌다고 살 만한 것이 아니다. 교복을 돌려 입어서 소매며 가랑이가 다 헤졌다. 그래 학생다워 보기에는 좋다.

부부함께 KOICA 사랑 날이 갈수록 그 의미를 좀 알 것 같아 두려움이 몰려오기도 한다. 이 아이들을 어떻게 얼마나 가르치고 사랑을 베풀어야 할까? 내게 있는 건 마음뿐이다. 늘 반갑게 또 진정으로 사랑하는 눈초리로 대해 주어야 하겠다. 물질로 봉사하기에는 한계가 있다. 내가 가르치는 수학 하나라도 따뜻한 마음 가르쳐야 하겠다.

'메일리, 임마누엘 아가들아, 희망을 잃지 말아야 돼. 힘들어도 학교는 와야 돼. 내가 이런 환경에 산다고 서로 탓하면 안 돼. 알겠지? 여기 수학 선생님이 카를로스가 늘 사랑해 주마. 오늘 너무 고마웠어. 잘 있어 안녕.'

집에서 꾸이도 키운다.

이런 동네 우리 아이들이 많이 산다.

성 선생님 생신 축하 잔치

이국땅에서 살다 보면 조국 땅에서 평범한 일상이 새롭고 때론 아쉬움을 가져오는 경우가 종종 있다. 1년에 두 번 명절 설과 추억이 제일 아쉽다고나 할까? 온 가족과 함께 보내야 하는 이 두 명절에 먼 이국땅에서 혼자서 쓸쓸히 지낸다고 생각해 보라. 얼마나 그리움이 밀려오고 아쉬움이 많이 엄습하겠나?

또 하나 아쉽고 좀 서러운 것이 있다면 자기가 태어난 생일이다. 특히 이 생일은 누구한테 말하지 않으면 상대방이 알 수 없는 일이다. 혹 내 생일을 상대방에게 알리면 뭐 좀 알아 달라는 오해로 비칠지도 모르는 애매한 일이다. 그러나 먼 이국땅에서 그 사정이 좀 다르다.

여기 페루 제2의 도시 아레키파에서 KOICA 자원봉사자로 나누고 섬기고 있는 여섯 단원의 경우 필자가 가장 연장자로 일부러 각자의 생일을 물어 수첩에 기록해 놓았다. 이유는 비록 조촐하지만 생일잔치를 마련해 작은 위로라도 해드리기 위해서이다. 2년 반 넘게 이 땅에 살면서 2년간 자원봉사자로 아름다운 섬김과 나눔을 실천하고 거쳐간 여덟 명 단원들의 생일을 일일이 챙겨준 것이 작은 보람 중의 하나이다. 늘 시내 이름 있는 음식점에서 우리 단원들을 모두 초청해 생일잔치를 했다. 이런 잔치를 통해서 혹시나 멀어질 것 같은 KOICA 동료들 간의 단합을 도모하고 먼 이국땅에서 쉽게 느끼는 외로움을 조금이라도 달래 주는 기회가 되었다.

어제 10월 24일(토) 우리 단원 중 시니어 성 선생님의 예순 번째 생신 잔치를 시내 중심지 '삼밤바이아스' 식당에서 가졌다. 특별 점심 요리가 특가로 제공되는 곳으로 외국 단체 관광객이 많이 찾는 유명한 식당이다. 성 선생님을 제외한 다섯 단원이 어느 누구한테도 말을 하지 않았는데 모두가 제몫에 맞는 선물로 생일잔치를 빛냈다. 생일 케이크, 장미꽃, 실크 블라우스, 피부 미용 크림, 멋쟁이 모자 등.

아레키파 제일 오지로 정평이 난 한테르 지역에서 유치원 아이들을 가르치고 계시는 성 선생은 일찍이 유치원 교육에 몸을 담아 오셨다. 오십 대 초반에는 사립유치원 원장까지 지내신 그야말로 베테랑 유치원 선생님이시다. 오십 대 중반에 그 좋은 사립유치원 원장을 접고 개발도상국 어느 나라에 KOICA 자원봉사자 유치원 교사로 파견되어 정말 사심 없는 봉사를 하고 싶은 것이 자기와 한 약속이며 꿈이었다. 그 원대한 꿈을 4년 전 이루었다고 한다.

성 선생님은 4년 전에 처음으로 KOICA 시니어 단원으로 몽골에 파견되어 정말 열악한 환경에서 자라고 있었던 유치원 아이들에게 꿈과 희망, 용기를 심어준 페스탈로치 유치원 선생님이셨다. 2년 임기를 끝내고 귀국해 잠시 영육을 치유한 후 다시 뜻이 있어 97기 남미 페루 아레키파로 두 번째 유치원 교사로 오셨다. 그 어느 누구도 도전하기 어려운 당찬 도전이었다. 지난 2월 말에 아레키파에 둥지를 틀고 유치원 교육 불모지나 다름없는 한테르 지역에서 자기가 가진 다양한 재능을 기부하며 봉사

▶ 아레키파 시니어가 다 모였다.

▶ 아레키파 전통 축제 야간 행사 때

하고 있다.

남들은 먼 이국땅에서 하는 KOICA 봉사가 별로라고 생각할지 모르지만 낯설고 물 설은 이국에서 세계 인류의 빈곤퇴치와 교육환경 개선에 자기 재능을 기부하고 있는 것에 대해 그 어느 누구도 폄하할 수 없을 것이다. 오늘 예순에 갓 접어든 성 선생님의 생신 잔치를 통해 아레키파의 KOICA 여섯 단원은 늘 유기적인 하나된 공동체라는 것을 더 확신하게 되었다. '선생님, 생신 진심으로 축하해요. 늘 건강하게 더 아름다운 2막 인생 이야기를 더 많이 만드시길 간절히 기원합니다. 감사합니다.'

기관협력활동이 주는 효과

우리나라 대외 무상원조를 담당하는 KOICA는 지구촌 빈곤퇴치와 복지 증진을 위한 국제 사회 노력에 적극 동참하고 있다. 우리 KOICA는 더 넓은 시야와 능동적인 자세로 글로벌 원조 외교를 펼치고 있다. 그 분야도 다양에 개발도상국에 맞춤형 지원을 하고 있어 그 성과와 효과가 크게 나타나고 있다.

부부함께 KOICA 사랑을 실천하고 있는 페루 제2의 도시 아레키파에 맞춤형 지원 분야는 단연 교육이다. 약 6년 전에 이곳에 KOICA가 발을 들여놓으면서 펼친 지원 사업이 바로 교육 분야이다. 이곳 운사 국립대학에서 한국어 교육, 음악 교육, 이곳 체육회에서 태권도 교육, 그 외 초등학교에서 음악, 미술, 수학, 과학 교육이 주류이다. 올해 새로 등장한 분야가 바로 유치원 교육이다.

이렇게 교육 분야에 다양하게 지원되고 있는 것은 아레키파 시에서 교육의 중요성을 인식하고 교육만이 개발도상국의 지위를 벗어날 수 있다는 것을 알기 때문이다. 필자 내외가 2013년 6월 말에 이 땅에 발을 들여놓았다. 아레키파 KOICA 초등교육 분야 개척자로 처음 문을 연 셈이다. 이곳 농촌 초등학교 여건은 우리나라 70년대 초쯤이나 될까? 환경은 우리보다 좀 좋다 해도 교육 내용은 후진성을 벗어나지 못하고 있는 실정이다. 그래 우리 KOICA의 도움을 요청한 것이다.

그런데 막상 자원 봉사 교사로 가진 재능을 나누고 섬기면서 느낀 점은 같은 지역 우리 KOICA 단원들과 협력활동을 강화해야 되겠다는 마음이 들었다. 혼자보다는 여럿이 힘을 합해 우리 KOICA의 위상을 높이고 수혜를 받는 아이들에게 보다 효율적인 혜택을 주기 위해서이다.

협력활동의 한 예로 지난 10월 4일(일) 아내의 학교 43주년 개교기념일 행사 때 올해 막 유치원 교육 활동을 시작한 시니어 단원인 성미현 선생님이 유치원생 16명을 데리고 왔다. 아내의 학교를 방문해 유치원 아이들이 가진 재롱을 보여 줌으로써 지금까지 몰랐던 한테러라는 지역도 알게 되었고 기관장을 만나 서로 더 유익한 정보를 얻을 수 있게 되었다. 또 이 어린 원생들이 한국 전통 춤도 알게 되었다. 이게 바로 수혜자 아이들에게 주는 큰 효과이다.

이 첫 협력활동이 씨가 되어 지난 10월 31일(토) 성 선생님이 봉사하는 한테르 지역 이니시알 171번 유치원 개교 기념 18주년 행사에 아내의 학교 3학년 12명, 6학년 12명이 자원하는 마음으로 참석했다. 3학년 아이들은 한국 전통 어린이 춤 꼭두각시 춤을 공연하고 6학년 여자아이들은 한국 전통 부채춤을 신바람 나게 공연했다. 지난번 아내 학교 방문 유치원 아이들 공연에 답방하는 형식이었다. 이게 바로 서로 협력활동하는 모델이다. 서로 주고받으면서 기관과 좋은 유대 관계를 도모하며 아이들에게 더 넓은 세계의 안목을 보여주는 계기라 할 수 있겠다.

이번 기관과 교류하는 협력활동을 통해서 아레키파 산동네의 열악한 조건에서 봉사하시는 성 선생님의 천사 같은 봉사 정신을 읽을 수 있었

▶ 성 선생 학교 유치원생들의 재롱

▶ 성 선생 유치원 방문 꼭두각시 춤 협력

다. 또 아직 말귀도 제대로 잘 못 알아듣는 어린 원생들을 지도해 많은 학부모님들 앞에서 공연하는 모습은 시니어라는 노하우가 있기에 가능하다고 생각되었다. 유치원생 88명이 대한민국의 전통 무용 공연 두 편을 보고 '코레아 수르 단샤 무이 보니토' 하고 생각하지 않겠나? 이 원생들이 자라 훗날 코레아 하면 한국 전통 춤이 생각나지 않겠나? 또 난생처음 다른 나라 전통춤을 처음 배워 다른 학교 공간에서 공연한 24명 아이들의 자부심은 어떠하겠나? 초청한 기관 아이들이나 방문한 기관 아이들이 얼마나 보람되고 기억에 오래 남겠나?

또 이런 협력을 통해서 대한민국 KOICA의 홍보가 더 넓게 많이 된다는 효과도 있는 것이다. 또 여섯 단원 간의 협동 정신과 KOICA 동질성을 갖는 데도 효과가 있다. 이런 협력활동은 자기는 낮추고 이곳 수혜자 아이들을 사랑하는 마음이 없이는 불가능한 것이다. 자기 호주머니를 털어 가며 이런 활동을 해야 하기 때문에 더더욱 값어치가 있는 것이다.

이번 각자 단원의 기관과 기관의 협력활동을 통해서 얻은 효과가 금세 나타나는 것은 아니지만 이번 활동을 계기로 좀 더 계획적이고 적극성을 가미한다면 우리 KOICA의 위상은 더 비상할 것으로 믿어 의심치 않는다. 앞으로 기관과 서로 협력활동은 더 권장되어야 되겠다는 확신이 되었다. 이번 여섯 우리 KOICA 단원이 하나되어 첫 협력활동이 성공리에 치러진 것 정말 감사하고 감동된 일이다.

아이들이 무척 침착하다. 다니 담임선생님의 말씀에 절대 복종이다. 그래서 그런지 하늘이 이 아이들을 사랑하는 마음으로 너무도 화창하고 멋진 날씨를 선물로 주었다. 파란 하늘에 간간이 떠있는 흰 구름과 어울려 환상의 날씨다. 하얀 구름이 잔잔한 호수에 거꾸로 다시 비치는 모습은 그야말로 한 폭의 수채화 이상이다. 이 그림이 가져다주는 여유와 평화로움은 말로 표현할 수 없는 자연의 신비한 조화이다.

호수에만 서식한다는 검은 부리 작은 오리들이 먹잇감을 찾아 뱃길 옆에 유유히 떠도는 모습은 거대한 호수의 한 단편 드라마 중 한 페이지와도 같은 그림이다. 가령 약 3백여 페이지쯤 되는 티티카카 호수 이야기책이라면 이런 풍경은 한 두어 페이지쯤 이야기는 되고도 남겠다.

호수로 가는 뱃길 옆에 펼쳐진 그림들은 몇 페이지를 넘길 정도로 다양한 풍경이었다. 배 뒷머리에서 바라본 저 멀리 보이는 푸노의 모습은 마치 잉카 시대의 연한 황토색 집들이 모자이크를 한 듯이 촘촘히 손을 잡고 이야기를 나누고 있는 모습 같았다. 안내 책자에 12만 명 인구라고 하는데 그렇게 될 것 같지는 않아 보였다. 푸노 주 모든 주민을 다 합해야 그 정도 되겠다.

푸노의 작은 반도 산 한가운데 자리 잡고 있는 하얀 건물이 바로 최고

▶ 보트 옥상에서 웃음을 선물하며

급 호텔 '리베라도' 호텔이다. 유럽 부자들에게 최고로 인기 있는 호텔이다. 1박에 최하 2백 불이란다. 우리 같은 가난뱅이 여행객에는 그림의 떡이다. 이 호텔이 티티카카 호수와 제일 가까이 있어 그런지 더 눈부시어 보였다.

한 십여 분을 더 달려 갈대숲 사이로 난 뱃길 사이로 천천히 미끄러져 들어간다. 우로스 섬 탐방을 끝내고 돌아가는 보트들도 간간이 보인다. 서로 손을 흔들며 인사를 건네는 모습이 무척 정겹다. 갈대 숲 사이 빈 호수에 하늘을 이고 있는 호수가 마치 이상 세상 같다. 누가 여기를 하늘 아래 제일 높은 곳에 있는 호수라고 하겠는가? 이 땅에서 이런 모습을 보고 '트란킬로'란 말을 쓴다. 바로 고요와 평안과 여유로움을 뜻한다.

아침 부두에 우로스로 가는 관광객이 장사진을 쳤다. 이 많은 관광객이 어느 섬으로 간단 말인가? 혼자서 헛걱정을 했는데 섬에 도착해 보니 그 해답이 바로 나왔다. 푸노 항구에서 관광객을 실은 보트가 각자 자기들이 지정해 놓은 섬이 있어 그곳으로 가기 때문에 전혀 얽힘이 없다. 한 보트가 한 섬에만 가기 때문에 중복되는 혼잡함이 전혀 없다. 섬이 무려 6십여 개쯤 되기 때문에, 보트 하나에 보통 정원이 한 삼사십 명 정도이다. 이 정도 사람 같으면 한 섬에 내려도 섬이 내려앉거나 흔들리지 않는다.

우리를 태운 배는 우로스 서쪽 이름 모를 작은 섬에 도착했다. 여기 보트들이 섬으로 드나드는 입구에 별도의 호수 입장료를 낸다. 20솔이다. 그래야 섬을 유지하고 관리하는 데 사용하겠다. 우리 보트를 운전하는 노 선장이 배를 섬에 접안시킨다. 그야말로 노련함이 그대로 보였다. 눈을 감고도 배를 접할 정도로 그 손발 놀림이 유연하다.

배가 접안할 때 떠있는 섬 밑을 보니 그동안 쌓아온 갈대 잎 두께가 한 사오 미터쯤 되겠다. 그래 이 많은 사람이 올라와도 끄떡없다. 간혹 비바람이 몰아쳐도 흔들림 없이 제자리를 지키는 것은 자체의 무게도 그렇고 섬을 고정시킨 기둥이 있어 그렇다. 삶의 지혜가 물씬 묻어난 모습이다. 혹시 갈대 덮개가 낡아 물이 새 오르면 다시 갈대를 잘라 덮으면 그만큼 부력이 생겨 이상 없이 떠 있는 것이다.

섬 하나의 크기는 보통 가로 세로 50~70m 정도 장방형이다. 보통 섬에 한 네 가구에서 여덟 가구 정도 산다. 주로 친척끼리 모여 산다. 여긴 대부분 근친결혼이 성행하고 있다. 섬에 내리니 관광객들이 앉을 간이 의자가 마련되어 있었다. 갈대숲을 엮어 만든 둥그런 의자이다. 한 이삼

티티카카 호수에 약 7십여 개 떠 있는 갈대 섬

갈대 섬 이야기를 들으며

십 명이 앉을 자리를 빙 둘러 마련해 놓았다. 한 아주머니가 나와 섬 안내를 시작한다. 미리 호수에 관한 정보 공부를 한 탓에 거의 다 알아듣겠다. 섬 지도를 들고 자세히 설명한다. 이 호수 60퍼센트 페루, 40퍼센트가 볼리비아 영토란다.

어떻게 섬이 만들어졌는지를 실물을 통해 설명을 한다. 커다란 톱도 보인다. 갈대 뿌리를 자르는 도구로 이게 있어서 적당한 크기로 잘라 이동해 와 서로 묶어 섬을 만든다. 이후 자기들이 만든 수공예품 소개에 열을 올린다. 갈대로 만든 모형 배, 모형 집, 각종 액세서리 등 이걸 팔아야 일정 수입이 있어 먹고살겠다. 섬에 약 한 시간쯤 머물면서 파노라마처럼 펼쳐진 대자연을 보고 하나님 창조의 신비를 음미해 보았다.

문명의 이기에 바쁘게 살아가는 현대인들보다 여기 사람들은 느림과 여유로움과 낙천적인 삶을 스스로 만들어 가며 살아간다. 이들은 모든 것을 수용하고 자기를 희생할 줄 아는 지혜로 살아간다. 최근 들어 관광객을 상대로 장사하는 상혼의 때가 묻어 그렇지 외모에서 풍기는 여유로움은 참 풍요로워 보였다.

섬 뒤쪽에 오리 몇 마리도 키우고 있었다. 오리 알을 단백질 공급용으로 쓰기 위해서이다. 일부엔 가두리를 만들어 무지개송어도 양식하고 있었다. 요샌 태양열 발전기로 전기를 생산해 현대 문명의 이기인 텔레비전도 시청하고 있었다. 태양열 발전기는 예전 일본계 후지모리 대통령이 이곳을 방문해 선물한 것이다. 취사는 아직도 옛날 방식 그대로 항아리에 불을 때서 음식을 익혀 먹었다. 땔감은 지천인 갈대 줄기를 말린 것을 사용했다.

압시(APCI) 두 분 아레키파를 다녀갔어요

지난 목요일(10일) 필자 학교 기관장 플로레스 교장 선생님이 다음 월요일(14일) 페루 정부에서 해외 원조 기관을 관장하는 압시(Agencia Peruana Cooperacion Internacional)에서 아레키파에서 봉사하는 우리 내외 활동 모습을 모니터링을 하기 위해 오신다는 연락을 받았다.

아내 학교의 마틸데 교장선생님한테도 연락을 했다. 연락을 받았지만 누가 몇 시쯤 오는지 하는 정보는 없었다. 단지 온다는 연락을 받았다. 두 학교 기관장도 더 이상 아는 정보가 없었다. 이후 우리 KOICA 페루 사무소에 연락해 보니 이런 내용은 금시초문이란다.

오늘(14일) 월요일 아침에야 정확한 연락이 왔다. 필자가 아침 7시 30분경 학교에 도착하자 기관장이 좀 보잔다. 오늘 10시 30분경에 압시에서 직원 두 분이 오시니 평소 하는 수업을 그대로 보여주란다. 조금 있다가 아내한테서 전화가 왔다. 9시에 자기 학교에 오신다고. 평소 수업하는 그대로 보여주라고 했다. 아무래도 현지어가 좀 달리는 아내는 걱정이 되었던 모양이다.

그래도 오는 18일 금요일 2015년도 학년말 학업 성과 음악 발표회를 준비하는 수업을 그대로 보여주었다. 아이들이 바이올린과 리코더를 연주하는 모습을 보고 감동하여 박수를 보내 주었다. 음악의 불모지 페루 아이들에게 이렇게 수준 높은 음악을 가르치는 모습을 보고 놀라고 또 감동했다는 것이 압시 조니와 핸드리의 말이다. 또 기관장이신 마틸데가 아내 로사 선생님에 대한 진솔한 칭찬을 아끼지 않았다. 헌신과 책임감이 강하다는 말에 두 분 모두 수긍했다.

아내 학교의 모니터링을 마치고 이어서 필자 학교를 방문했다. 출발 시간을 연락받았다. 대충 도착하는 시간에 교문에서 기다렸다. 도착해 보니 지난 11월 중순경 KOICA 현지평회의 때 페루 정부를 대표해 참석했던 조니가 아닌가? 정말 반가워 페루 식 포옹으로 인사를 했다. 또 젊은 핸드리라는 직원도 동행했다.

이어 학교장과 대화가 약 20분 정도 이어졌다. KOICA의 필요성, 필자가 가르치는 수학의 중요성 등 모두가 진지하고 긍정적인 대화였다. 이어 필자가 오늘 가르치는 탱그램(칠교놀이 판)으로 각종 도형을 만드는 모습 수업을 참관했다. 조니와 핸드리한테도 탱그램을 주어 수업에 같이 참여시켰다. 이 두 참관인도 오늘 한 시간만은 초등학교 6학년으로 돌아가 수업에 동참했다. 아이들과 더불어 삼각형, 평행사변형, 사다리꼴, 마름모 등을 만들어 보았다. 수업 후에 자기들도 생전 처음 해본 수업이라고 입에 침이 마르도록 칭찬을 아끼지 않았다.

수업 후 오는 17일(목요일) 한테르 지역에서 아레키파 보건 교육 협력 사업을 할 때 봉사한 현지인들에게 줄 KOICA 마크가 선명한 연두색 티셔츠를 선물하는 순서도 있었다. 이들이 감사하는 마음이 필자 마음에 와 닿았다. 이래 KOICA의 이미지가 이 땅에서 더 확산되는 것이다.

KOICA 사랑 압시 두 분과 함께

압시 두 분 참관자에게 보여 준 연주

KOICA 기념 티셔츠를 선물하며

두 분 다 오늘은 학생으로 같이 수업했다.

이후 필자가 늘 수업 준비하는 방으로 이동해 페루 학교 교육 시스템에 대한 의견을 교환을 했다. 각종 발전적인 견해를 이야기하니 모두가 인정한다. 그러면서 필자 보고 다시 한 번 더 페루에 와서 초등학교 교육 시스템 변화에 힘을 보태달란다. 필자도 그럴 마음이 있다고 하자 꼭 도와주겠단다.

학교 일정이 끝나는 12시 30분경 학교를 나서 시내 한 음식점에서 같이 점심을 나눴다. 정말 엉겁결에 당하는 모니터링이라 처음엔 무척 걱정이 되었으나 평소 하는 모습 그대로 보여 주자 무척 좋아했다. 모니터링은 사전에 연락 없이 오는 것이 보통이란다. 그래야 정확한 정황을 알 수 있단다.

오늘 엉겁결에 당한 특별 케이스 모니터링. 어찌 보면 정말 영광과 함께한 모니터링인 것 같아서 정말 감사하고 감동하였다. 하필 우리 내외를 찍어서 모니터링을 했을까 하는 의문도 생겼지만 평소 낮은 자세로 열심히 나누고 섬기고 있다는 소문이 있어 그랬다는 이들 이야기에 더 감동이 되었다.

이제 3년 봉사의 남은 임기 4개월 동안 정말 더 낮은 자세로 모든 것을 내려놓고 이 땅의 아이들에게 꿈과 용기를 심어 주고 돌아가야 되겠다는 당찬 각오를 한 번 더 다짐해 본다. 그동안 페루 정부에서 우리 KOICA 사업에 일심동체가 되어 한없이 협조해 준 데 대해 감사하고 앞으로 한국과 페루의 교육 문화 교류가 더 활발하게 이루어지길 간절히 기대해 본다.

진정한 봉사 단원이 되려면

6십여 년 전 한국전쟁 이후 폐허와 기근의 잿더미 속에서 그나마 우방국들의 도움으로 대한민국은 서서히 재기의 발판을 마련했다. 우리나라는 70년대 한강의 기적을 이루며 경제개발 5개년 계획을 발판으로 서서히 세계로 국력을 펼치기 시작했다. 수출만이 살 길이라는 구호와 하면 된다는 불굴의 정신으로 무장하고 1990년 초반 100억 불 수출탑을 세우는 등 그동안 수원국의 불명예를 씻고 공여국이라는 세계 역사에 보기 드문 경제 대국의 자리로 변신하게 되었다.

이젠 세계 10위권 경제 대국으로 우뚝 서게 되면서 우리나라는 명실상부한 기술 대국과 개발도상국들이 가장 롤모델로 삼고 싶은 나라로 우뚝 서게 되었다. 여기에 한 축을 이루는 것이 유무상원조의 일을 담당하는 한국국제협력단(KOICA)의 역할이 크게 강화되었다는 것이다.

필자가 예순 넘긴 부부함께 시니어 단원으로 KOICA 사랑을 실천하면서 현장에서 직접 체험한 경험을 바탕으로 KOICA 봉사단원이 되고 싶어하는 사람들이 꼭 명심해야 될 몇 가지 조언이 있어 이글을 쓰게 되었다.

얼핏 살펴보면 KOICA 단원은 정말 매력 만점의 일시적 직업처럼 보인다. 일단 선발되면 일정 교육 후 현지에 파견되면 현지 물가에 상응하는 생활비에 혼자 살기에 적당한 임차료에 귀국 때 국내 정착금 지급 등 마음을 끄는 요소가 무척 많다. 이런 이점만 놓고 보면 꼭 한번 도전해 보고 싶은 분야이다. 그러나 해외봉사단원으로 선발되어 봉사하기에 앞서 다음 몇 가지를 꼭 명심하고 지원한 후 진정한 봉사의 길을 들어서길 간절히 바란다.

첫째, 자기와의 싸움에서 이길 수 있어야 진정한 KOICA 봉사가 이루어진다. 주니어 혹은 시니어 단원으로 지원하려다 보면 가족과의 충분한 협의가 있어야 한다. 가족 공동체에서 일인(一人) 외톨이로 해외로 나가기 때문에 환경의 역 문화충격이 무척 크다는 것을 알아야 한다. 개발도상국에서 봉사하는 KOICA 단원의 제일 큰 어려움은 외로움이다. 가족, 친구 등과 격리된 생활은 봉사 시간 이후에 자연스럽게 외톨이로 외로움을 느끼게 마련이다. 단원 중에 상당수가 우울증 증세를 겪고 있다는 보도를 접한 적이 있다. 이를 극복하기 위한 자신과의 싸움이 무엇보다 중요하다.

이를 위해서는 늘 긍정적 사고와 적극적인 행동이 필요하다고 본다. 좋은 취미를 발굴해 여가 시간에 현지인과 더불어 즐기고 늘 감사하는 마음을 가지면 자연스럽게 외로움은 희석되게 된다. 외롭다고 술로 이를 극복하려고 한다면 큰 잘못이다. 여가 시간에 운동, 현지어 공부하기, 가까운 명소를 탐방하고 글쓰기 등의 일상을 추천하고 싶다. 좀 무리한 부탁을 하나 더 한다면 일기를 쓰는 습관을 가지라고 권하고 싶다. 매일 자기를 되돌아보는 값진 시간이 되기 때문이다. 필자의 경우 부부함께 KOICA 사랑을 실천하면서도 외로움을 느끼는 경우가 많은데 혼자인 경우 얼마나 외롭겠는가.

둘째, 눈높이를 아주 낮게 잡아야 진정한 봉사가 된다. 현재 4십여 개국에 우리 KOICA 봉사단원들이 활동하고 있다. 주로 아프리카, 남미, 동남아, 중앙아시아, 일부 중동 지역이다. 여기 대부분 나라들이 개발도상국 혹은 후진국들이다. 이들 나라들 수준을 현재 우리나라 생활과 비교하면서 봉사를 하려고 하면 진정한 봉사는 불가능해진다. 나라가 힘이 부치고 어렵기에 우리 KOICA를 요청한 것이 아닌가? 우리 생각 이상으로 열악한 지역이 많다.

대부분 나라들이 주거, 위생, 전력, 환경 등이 매우 열악하다. 인터넷은 말할 것도 없고 식생활 또한 무척 힘들다. 이런 열악한 환경을 잘 극복할 수 있어야 한다. 환경 탓 이전에 이를 지혜롭게 극복하는 나만의 노하우를 쌓아야 한다. 현지인들 중 가장 낮은 삶을 사는 사람들 눈높이에 맞춰야 마음이 편해지는 것이다. 현지 문화를 적극 존중하고 수용해야 봉사의 본래 정신이 빛을 발하는 것이다. 필자의 경우 페루 애국가 외워 부르기, 애국 조회 때 가톨릭 신앙의 상징 가슴에 성호를 그으면서 기도문을 외우는 등 모두를 함께하고 있다. 냄새가 물씬 풍기는 아이들을 가슴에 꼭 껴안는 것은 일상이다.

셋째, 대한민국의 KOICA 단원이라는 자부심과 감사하는 마음을 적극적으로 가져야 한다. 나눔과 섬김이라는 차원 높은 봉사에 불만과 불평이 따르면 그 봉사는 오히려 역효과만 내는 것이다. KOICA는 돈을 저축하기 위해 봉사하는 그런 분야가 아니다. 지난날 우리의 어려움에 동참해준 나라들에 감사와 그 빚을 지금 그 옛날 우리와 같은 처지의 나라들을 상대로 갚는다는 감사가 내재된 자기희생이 진정한 KOICA의 본정신이다.

나는 자랑스러운 대한민국의 KOICA 단원이라는 자부심을 진심으로 가져야 한다. 이 자부심 없이 행하는 봉사는 그 열매를 보기가 힘들다. KOICA 봉사에서 3감(感)이 있어야 한다. 감사, 감동, 감격 이 3감이 마음에 진정으로 우러나야 힘든 봉사도 기쁨으로 행할 수 있다. 대부분 단원들이 개발도상국에서 봉사하기에 많은 어려움이 따를 것으로 여겨진다. 주거, 식생활, 환경, 풍습 등 모든 분야에 가로놓인 장애들이 많을 것으로 본다. 이런 장애를 감사한 마음으로 극복하려는 적극적인 자세가 우선되어야 진정한 봉사가 되겠다.

끝으로 단원 모두가 자기 전공 분야에서 이삼 년 동안 봉사를 끝내고 지나온 시간들을 하나하나 복기를 했을 때 '참 잘했구나, 정말 보람되었네' 하는 자기만의 독백이 있어야 행복한 봉사가 되는 것이다. KOICA 봉사를 국외 도피용으로 또 현지 문화를 체험하며 관광용 1회용으로 또 자기 과시용으로 생각하면 절대 안 된다. 다시 한 번 더 가슴에 손을 얹고 숙고한 후에 KOICA 봉사 단원 지원서를 내길 간절히 바란다.

▶ 80기 교육 때 페루 팀이 하나 되어

▶ 선생님 컴퍼스로 삼각형 그렸어요.

▶ 교육 중 여가 시간에 사물놀이도

마틸데 교장 선생님 생신 축하해요

페루에 초등교육 분야가 처음으로 생겨 나와 남편이 그 선봉장이 되었다. 남편과 같이 봉사하는 페루 제2의 도시 아레키파는 세계에서 제일 높은 곳에 위치한 티티카카 호수 인근에 자리 잡고 있다. 스페인 식민지 시절 가장 스페인화된 도시로 만들기 위해 혼신의 힘을 기울인 도시이다. 그래서인지 도시 중심지에서는 아름다운 스페인 풍의 건물을 많이 볼 수 있으며 마치 고대 박물관 같은 분위기가 느껴진다.

도착한 날 봉사할 학교로 향했다. 시내에서 약 십 킬로미터 정도 떨어진 외곽에 있는 전형적인 시골 학교였다. 전교생 그리고 전 선생님들이 우릴 반겼다. 당시 무척 당황했던 것이 떠오른다.

이날 무얼 가르칠지 의논하는 중에 필자를 도와줄 도우미 선생님(코워커)이 음악을 가르쳐달라고 했다. 이 아이들에게 음악을 가르쳐 인성이 좋은 아이로, 세계를 품을 수 있는 아이로 어떻게 가르칠 것인가 하는 생각을 깊이 했다. 분명 이 아이들은 나름대로 잠재력을 가지고 있다. 이를 계발하고 사랑으로 가르치면 미래에 한국을 사랑하고 페루의 미래를 책임질 인재로 성장할 것이라 믿었다.

학교의 분위기는 70년대 초임이었던 내가 다닌 초등학교와 흡사했다. 콩나물 교실, 열악한 교육 환경, 교사 확보의 어려움, 교사들의 낮은 사회적 지위, 박봉 등 어쨌든 이런 어려운 환경 속에서도 아이들이 희망을 가지고 배울 수 있도록 가르쳐야겠다는 생각이 들었다. 지난 교직생활을 돌이켜보면 교사의 마음가짐이 바로 답이다. 자식 같은 아이들이라 생각하며 어려운 여건 속에서도 아이들을 기쁨으로 가르칠 수 있을 것이라 믿고 수업에 임했다.

이 땅에 와서 아이들과 사랑을 나누면서, 이 아이들이 무슨 죄로 이렇게 좋아하는 음악 교육을 제대로 받지 못했나 하는 안타까운 마음이 들었다. 음악 교과서조차 없으며 아이들은 계이름이나 악기를 접해본 적도 없었다. 모든 것이 밑바닥에서 시작해야 하는 교육이라 고민도 많이 되었다.

어느 날은 조용히 생각해 보았다. 내가 이곳에 온 이유가 바로 이 아이들에게 새로운 희망을 주고 더 넓은 세계에 눈을 뜨게 해주는 나눔과 섬김을 실천하기 위해서라는 것을 되뇌었다. 그러자 마음이 평안해지고 가르칠 수 있다는 자신감이 생겼다.

기본이 되는 계이름은 여기 말로 번역해 가르치지만 아이들과 소통하는 데는 꽤 힘들었다. 그래도 아이들의 손가락 놀림이 유연해 고만고만 잘 따라왔다. 지도한 지 두어 주 지나자 계명을 잘 외워 불렀다. 계이름이야 만국 공통 음이라, 발음상 차이는 약간 있어도 '도레미파솔라시도' 음정은 제대로 맞았다. 문제는 악보를 제대로 읽을 수 없어 힘에 부쳤다. 그러나 2년이 다 되어가는 쯤엔 아이들의 음악 실력이 몰라보게 일취월장했다.

페루에 온 지 2년이 다 되어 간다. 부부 함께 서로 의지하고 함께 고민

생일 축하합니다.

송별회 때 교장 선생님과 춤 한 판

하며 문화적 차이에서 오는 장애물들을 극복해 나가고 있다. 앞으로 하루하루 음악 수업을 통해서 페루의 사랑스러운 제자들이 평생 가슴에 걸어둘 그림 같은 이야기를 만들어 나갈 것이다.

필자가 이렇게 두려움을 극복하고 초등 음악을 무난히 가르칠 수 있었던 것은 순전히 내가 봉사하는 학교의 마틸데 교장 선생님의 적극적인 지원과 코워커 릴리안 선생님의 헌신적인 도움이 있었기에 가능했다. 이 두 분은 나를 너무도 아끼고 챙겨 주는 마음이 천사 같은 분들이다. 두 분의 생신을 메모지에 적어 놓고 그때마다 작은 성의로 보답했다.

지난 토요일(3월 14일) 우리 학교 마틸데 교장 선생님의 54회 생신이었습니다. 이곳 메트로 큰 백화점 2층에 일본식 식당 에도가 있다. 이 식당에 코워커 릴리안 선생님과 교장 선생님을 초대했다. 마틸데 교장 선생님은 생신 축하를 릴리안 선생님은 이번 교장 승진 시험에 합격한 것을 축하해 주기 위해서이다. 이 두 가지 경사를 축하해 주기 위해 자리를 마련했다. 일식 초밥으로 대접했다. 그동안 필자에게 베풀어 주신 자상함과 사랑이 어찌나 큰지 작은 선물도 마련해 두 선생님께 드렸다. 진정한 마음을 담아서 드렸다.

예순 넘긴 우리 부부는 2년 봉사는 약간 부족한 듯해 1년을 더 연장 신청을 했다. 거의 승인 단계에 와 있다. 마지막 1년은 그동안 경험을 살려 더 적극적으로 아이들을 섬길 작정이다. 저희들의 작은 나눔이 이 땅의 아이들에게 희망과 용기가 되어 훗날 페루의 큰 기둥들이 되었으면 한다.

스리랑카 고 강원영 선생을 그리며

일전 스리랑카에서 봉사하고 계시는 배 선생 페이스북에 '고운 정 미운 정 같이했던 그날을 그리며' 하는 불길한 내용의 메시지가 날아들었다. 영문도 모르고 있었는데 얼마 후에 '고인의 명복을 빕니다' 라는 다른 단원의 글이 올라왔다.

이리저리 수소문해 알아보니 필자의 80기 동기 스리랑카 자동차 분야에서 봉사하시던 강원영 선생님이 갑자기 배앓이를 했다. 현지 병원에서 진단을 받으니 급성 복막염이란다. 현지 병원에서 응급 처치 후 싱가포르 전문 병원으로 후송되어 치료를 받던 중에 그만 유명을 달리했다.

이 소식을 접하고 필자는 한동안 멍하니 하늘만 쳐다보았다. '하늘도 무심하지 아직도 한참 일할 나이인 쉰 살 이쪽저쪽에 마음씨 곱고 또 봉사자의 참 삶을 살아오시던 강 선생을 불러가시다니. 남겨둔 가족들은 어쩌라고?'

이제 한 3개월 반만 지나면 2년 임기를 채우고 귀국하실 텐데. 그리운 가족들과의 만남도 뒤로한 채 영원한 하늘나라로 가셨다니. 정말 믿기지 않는 비보였다. 사람의 생명은 단 한 치 앞을 내다볼 수 없는 미지의 세계라는 것을 새삼 느꼈다.

필자가 오늘 이렇게 강 선생을 특별히 애도하는 것은 2013년 3월 중순

KOICA 국내교육 3주 동안에 누구보다도 가깝게 지냈던 아름다운 추억이 있어 그렇다. 필자의 룸메이트 김태철 선생님과 함께 봉사지 스리랑카로 가시기에 시간만 나면 필자 방에 와 세상 사는 이야기 나누었던 인정 많으셨던 분이다. 지금 강 선생의 인정 넘쳤던 아름다운 이야기들이 막 되살아날 것 같은 느낌이다.

강 선생은 KOICA 80기 이전에 47기로 아프리카 탄자니아에서 KOICA 봉사를 한 번 경험 하셨던 베테랑 시니어 단원이다. 그러기에 필자에게 정말 큰 도움이 되는 멘토였다. 찬찬한 성격에 말씀도 나지막하게 그리고 조리 있게 일러 주셨던 그 모습이 지금도 눈에 선하다. 법이 없어도 사실 것 같은 마음씨가 바다처럼 넓은 선생이셨다. 남 앞에 드러내기를 싫어하고 늘 조용히 자기 내실을 기하는 선생이셨다.

강 선생은 KOICA의 진정한 의미를 아셨기에 두 번이나 이 험한 길을 택한 것이다. KOICA 봉사단원은 돈이 되고 자기 영욕을 채우는 그런 자리가 아니다. 자기는 낮추고 소외된 자들을 도와주고 헌신하는 마음이 없으면 KOICA는 일시적 자기만족밖에 남는 것이 없다. 고 강 선생은 KOICA의 숭고한 뜻을 미리 아셨기에 이 길을 두 번째 택했고 결국에는 KOICA의 숭고한 정신을 이 땅에 남기고 순교자처럼 하늘나라로 가셨다.

국내교육 중 체력 훈련과 단합대회 일환으로 경기도 호명산 등산 때 늘 같이 어울려 산행을 했던 기억이 더더욱 선명하다. 국내 교육 수료 후 남들은 몰라도 필자를 마치 형님으로 모실 듯이 같이 기념촬영이라도 하자며 필자 손을 끌었던 인정이 막 밀려오는 것 같다. 또 국내교육 점심시

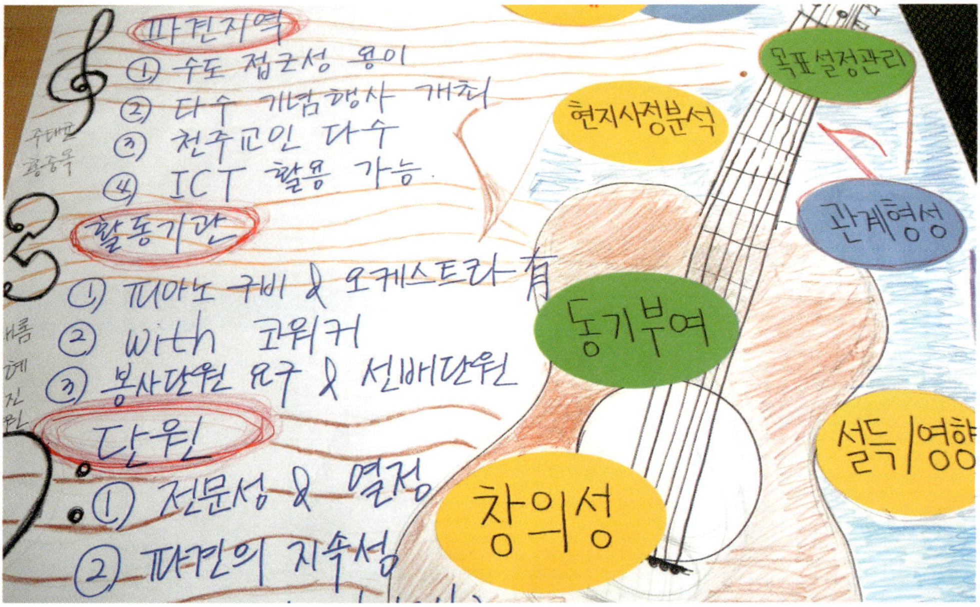

80기 교육 때 같이 협력하며

호명산 등산 때도 함께

간 때 룸메이트 김 선생과 늘 같이 이마를 맞대고 식사를 했으며 해박한 자동차 지식을 스토리로 풀어 이야기해 주셨던 일도 기억이 새롭다.

이젠 먼 하늘나라로 가셨다. KOICA 나눔과 섬김의 영혼을 스리랑카 땅에 고이 심어 놓고 떠나셨다. 강 선생이 남긴 그 자취는 KOICA의 영원한 사랑으로 후배들의 귀감이 될 것이다. 부디 하늘나라에서 편안히 쉬시고 남겨 둔 가족들에게는 하나님의 크신 위로와 은총이 임하시길 간절히 기도드립니다. 강 선생 너무 그리워요. 안녕히 계십시오.

부부 함께

코이카 사랑 이야기

한국해외봉사단, 나눔과 봉사를 실천합니다

한국해외봉사단,
나눔과 봉사를
실천합니다

https://kov.koica.go.kr

01

World Friends Korea는 무엇인가요?

• • • 월드프렌즈코리아(World Friends Korea, WFK)는 우리나라 정부부처들이 개별적으로 추진해 오던 해외봉사단 사업을 단일브랜드로 통합한 새 이름입니다.

• • • "WFK"는 도움을 받는 나라에서 도움을 주는 나라로 성장한 경험을 통해, 개도국 이웃들의 어려움을 누구보다 공감하는 우리 국민들의 따뜻한 마음을 표현하는 이름입니다.

WFK는 '세계의 친구'로서 국제사회에 기여하는 한국인의 이미지를 더욱 선명하게 알리고, 앞으로 다 함께 잘 사는 인류사회 건설을 위한 아름다운 변화에 앞장설 것입니다.

WFK-한국해외봉사단
http://kov.koica.go.kr

WFK-대학생해외봉사단
http://kucss.or.kr

WFK-해외인터넷청년봉사단
http://www.nia.or.kr/kiv

WFK-중장기자문단
http://kov.koica.go.kr

WFK-개도국과학기술지원단
http://tpc.nrf.re.kr

WFK-퇴직전문가
http://www.nipa.kr

WFK-세계태권도평화봉사단
http://tpcorps.org

02

21세기 글로벌청년리더가 되는 길, WFK-한국해외봉사단

• • • WFK-한국해외봉사단은 2년간 개발도상국 주민들과 함께 생활하며 교육 및 직업훈련, 농수산업, 보건위생, 농촌개발 등 분야에서 기술 지원 및 교류 활동을 통해 그들의 삶의 질을 높이고, 더 나아가 우리나라와 파견국의 상호이해증진에 기여하게 됩니다. 귀국 후에는 해외봉사활동 경험을 우리 사회에 환원하고 21세기 글로벌 인재로서 능력을 발휘하는 기회가 될 수 있습니다.

WFK 한국해외봉사단은 개발도상국의 지속 가능한 경제 사회발전을 돕기 위한 공적개발원조 ODA 사업의 하나입니다.

WFK-한국해외봉사단 파견유형

봉사정신이 투철하고 심신이 건강한 만 20세 이상 대한민국 국민이면 누구나 지원할 수 있습니다.

일반봉사단원

군복무를 필하였거나 면제된 자로서 해외에서 봉사활동을 수행할 수 있는 일정 수준의 자격을 갖춘 만 20세 이상 단원

시니어봉사단원

파견분야 10년 이상의 근무 경력과 전문성을 갖춘 만 50세 이상 단원

KOICA자문단원

관련 분야 현직, 퇴직 전문가로서 해당 분야 10년 이상 실무 경력이 있는 자

드림봉사단원

특성화고 및 마이스터고 졸업 예정자 또는 졸업 후 2년 이내의 자

전문봉사단원

- 글로벌 새마을 청년봉사단
  만 19세 이상~만 34세 이하, 대학 6학기 이상 수료자
- 보건교육 프로그램 및 국제개발 직종 봉사단
  만 19세 이상, 해당 국가가 요청한 자격 기준에 해당되는 자

03

WFK
한국해외봉사단 모집
다양한 분야와 직종을
선발합니다

WFK-한국해외봉사단은 도움이 필요한
세계 각지에서 활동합니다.

WFK 한국해외봉사단 활동인원은 1,393명(2016년 3월). 지난 26년간 65개국에 13,272여 명이 파견되었습니다.

교육

취학연령아동들이 대상으로 하는 기초교육기관, 성인을 대상으로 하는 중등교육기관, 미취업자 및 구직자를 위한 직업훈련학교에서 활동하며, 전반적인 인적자원개발을 지원하고 있습니다.

직종 과학, 미술, 미용, 수학, 요리, 체육, 유아교육, 음악, 직업훈련, 특수교육, 한국어 등

보건

병원, 보건소 등에 파견되어 위생환경 개선, 전염병 예방, 모자보건 증진을 위해 활동하고 있습니다.

직종 간호, 물리치료, 방사선, 보건일반, 영양관리, 임상병리, 작업치료, 치위생

공공행정

정부부처, 관공서, 학교 등에서 활동하며, 개발도상국과 선진국 간 정보 격차 해소를 목표로 우리나라의 우수한 행정경험을 전수하고 있습니다.

직종 경영, 경제, 관광, 마케팅, 박물관, 사서, 사회복지, 통신기술

산업에너지

경제개발의 근간이 되는 산업 및 에너지 분야에 파견되어 관련 기술을 전수하고 있습니다.

직종 건축, 공예, 기계, 섬유/의류, 식품가공, 용접, 자동차, 전자, 토목 등

농림수산

개발도상국 농어촌 주민들과 함께 생활하며 지역의 소득증대, 생활환경 개선을 위해 활동하고 있습니다.

직종 농경제, 농기계, 농업일반, 수산양식, 수의사, 원예, 임업, 지역사회개발, 축산

04

WFK
한국해외봉사단원 모집부터 출국까지 살펴보기

모집선발상담센터 ☎
1588-0434

01 지원서접수

해외봉사단 모집 기간 중 홈페이지에서 온라인 지원서 작성 및 제출

02 서류전형

학력 경력 자격증 등 직종 전문성 평가

03 면접전형 (인성검사)

직종 전문성 평가 및 봉사자의 기본자세와 소양 점검

04 신체검사, 신용 및 신원조회

05 국내훈련 (8주 합숙훈련)

봉사정신 함양, 언어 · 소양 · 실무 · 안전관리교육 실시

06 출국 및 현지적응훈련(8주)

해외봉사단 지원서는 봉사단모집홈페이지 http://kov.koica.go.kr에서 등록 · 접수하실 수 있습니다.

05

해외봉사단원
활동기간 중 지원내역 및
안전관리는 이렇게…

WFK 해외봉사단원은 국내훈련, 현지적응훈련 및 봉사활동기간 중 안전하고 효과적인 활동을 위해 각종 지원을 받게 됩니다.

파견 전

국내훈련기간

국내훈련수당 및 훈련용품 지급

예방접종 및 휴대용 안전장비 지급

재해보상

출국준비기간

여권 및 비자발급 지원

왕복항공료 및 화물탁송료 지원

출국준비금 지급

파견 후

현지정착비

주거비 및 생활비

봉사단원 파견국 물가수준 고려 지급

활동지원

활동물품구입비, 현장사업비 등

봉사단 유숙소 운영(수도에 한함)

건강 및 안전 관리

- 재해 및 상해보험 가입
- 긴급후송서비스(SOS) 재난 발생 시 안전한 지역으로 후송
- 상해 · 질병 치료비 지원 / 연간 정기 건강검진 실시 / 24시간 의료상담

KOICA 안전종합상황실

해외 긴급상황 발생 시 신속 대처할 수 있도록 24시간 운영합니다.

031.740.0640

06

해외봉사단원
활동종료 / 귀국 후 다양한
기회가 제공됩니다

KOICA 지원 및 기회제공

임기를 종료하고 귀국한 단원들에게는 신속한 국내 적응을 돕기 위해 국내정착금 및 취업 정보 지원, 장학 혜택, 국제협력사업 참여 기회 등이 제공됩니다.

국내정착지원금 지급

파견기간 중 적립한 소정의 금액(월 50만 원)을 국내정착지원금으로 일시 지급

취업지원센터 운영

귀국단원들의 국내정착 위한 취업지원센터 운영
해외취업정보제공 해외유망직종안내, 구인정보 제공

국제협력활동 지원

KOICA 직원 채용 시 우대, 귀국 봉사 단원이 직원이 되면 봉사기간 경력 인정

장학금 지원

봉사 활동 분야 및 국제개발협력 관련 분야 석・박사 과정 진학 시 심사를 거쳐 장학생 선발

국내 봉사단네트워크

한국해외봉사단원연합회(KOVA) 봉사활동 경험을 살려 봉사문화 정착과 제3세계 지원 등 공익적 사회활동을 목적으로 하는 귀국 단원들의 모임
수도권 포함 총 9개 국내 지역별 커뮤니티 운영

“주고 오려 했는데 더 많은 걸 받아 왔어요”

해외봉사활동은 흔히 많은 것을 포기하고 희생하는 것으로만 여겨집니다. 그러나 경험해 본 이들은 오히려 얻은 것이 더 많다고 합니다.

“실질적 성과를 거두는 것도 중요하지만 그들 가운데 하나가 되는 것이 더 중요하다. 혼자 할 수 있는 일이 거의 없었다. 그래서 도움을 주려고 왔는데 오히려 도움을 받고 간다.”

안예현(도시계획, 2007-2009, 네팔에서 활동)

내가 가진 능력을 나누는 것은 보람 있는 일이며,
성숙한 인격을 완성하는 지름길입니다

"해외봉사활동, 그 특별함"

"다른 사람에게 내게 있는 것을 나누어 줄 때 그만큼 좋은 무언가가
내 안에 채워지는 것을 경험했다"

김영동(간호, 2007~2009 페루에서 활동)

한국국제협력단(KOICA)은 대한민국의 자랑스러운 이름을 지구촌에 널리 알릴 수 있습니다.

"시간이 지날수록 한국인이라고 알게 되고, 돈이 목적이 아닌 봉사, 나누러 왔다는 걸 알고
고마움을 표하는 사람들이 많아졌다"

김유신(사회복지, 2007~2009 방글라데시에서 활동)

07

더 좋은 세상
함께 만들어 가요

Happiness for All,
with Global KOICA

우리 정부의 대개도국 무상협력사업을 전담 실시하는 외교통상부 산하 정부출연기관으로 1991년 4월 설립되었고 프로젝트, 해외봉사단파견, 국내초청연수 등 다양한 사업을 통해 개발도상국의 경제·사회발전을 지원하고 있습니다.

해외봉사단 모집상담센터

주소 : 경기도 성남시 수정구 대왕판교로 825
한국국제협력단 월드프렌즈사업본부 1층
운영시간 : 09:00-18:00 (중식 12:00-13:00)
전국공통전화 : 1588-0434
팩스 : (031)740-0662
홈페이지 : http://kov.koica.go.kr
모집상담이메일 : kov1@koica.go.kr

대중교통편 안내

- **광역버스** : 6800번
  (지하철 강남역 3번, 양재역 9,10,11번 출구 노변정류장 승차 - 나라기록관 앞 하차)
- **광역버스** : 1007, 1007-1, 5600, 6900
  (지하철 수서역 6번, 잠실역 6번 출구 수원 방향 승차 - 나라기록관 앞 하차)
- 협력단~양재역 순환차량(25인승) 일 3회 운행
  (양재역 9번 출구 서초구민회관 앞 / 10:30, 14:00, 16:30 출발)

KOIOCA 해외봉사단원 활동경험담

- 오아시스에서 잠을 깨다 시나리오친구들
  송영일 우즈베키스탄 국제협력의사
- 우르겐치에서 건넨 인사 (주)디자인인트로
  이강철 우즈베키스탄 한국어교육분야 봉사단원
- 수나와 타미르의 몽골이야기 (주)디자인인트로
  이정순 몽골 한국어교육분야 봉사단원
  양용열 몽골 컴퓨터분야 봉사단원
- 이집트에서 한국어선생님으로 살기 시나리오친구들
  윤슬기 이집트 한국어교육분야 봉사단원
  민경진 이집트 한국어교육분야 봉사단원
  김미정 이집트 한국어교육분야 봉사단원
- 라흐멧, 카자흐스탄 시나리오친구들
  유은지 카자흐스탄 한국어교육분야 봉사단원
- 모로코에 간 따따 소피아 (주)디자인인트로
  이지선 모로코 유아교육분야 봉사단원
- 서른, 꿈 그리고 아프리카 시나리오친구들
  이재헌 탄자니아 국제협력의사
- 탄자니아 마사이 마을 꼬레아 음렘보 (주)디자인인트로
  권유경 탄자니아 여성분야 봉사단원
- 꼬호머더, 스리랑카? 시나리오친구들
  안종현 스리랑카 건축분야 봉사단원
- 프라하, 탄자니아에 빠지다 시나리오친구들
  최은주 탄자니아 간호분야 봉사단원
- 열정의 자취 : 적도 에콰도르에서 시나리오친구들
  우충환 에콰도르 교육일반분야 중장기자문단
- 아산테 탄자니아 시나리오친구들
  이웅준 탄자니아 과학교육분야 봉사단원
- 아잔의 숲 시나리오친구들
  김우진 이집트 한국어교육분야 봉사단원
- 내 이름은 테스파 시나리오친구들
  박강민 에티오피아 컴퓨터교육분야 봉사단원
- 아름다운 탄생 위대한 탄생 시나리오친구들
  최준영 탄자니아 국제협력의사
- 쑤쑤 아줌마 쑤쑤 코이카 시나리오친구들
  김경희 태국 한국어교육분야 봉사단원
- 영원한 청년 in 파라과이 시나리오친구들
  이상옥 파라과이 초등교육분야 봉사단원
- 한국어가 꽃피는 사마르칸트 시나리오친구들
  이석례 우즈베키스탄 한국어교육분야 봉사단원
- 아름다운 후안 시나리오친구들
  박종환 파라과이 초등교육분야 봉사단원
- 캄보디아의 소피아 선생님 시나리오친구들
  안진선 캄보디아 미술교육분야 봉사단원
- 별난 여자, 코이카를 만나다 시나리오친구들
  최순옥 세네갈 컴퓨터교육분야 봉사단원
- 부부함께 코이카 사랑 이야기 시나리오친구들
  주태균 홍중옥 페루 초등교육분야 봉사단원
- 나무나 세네갈 시나리오친구들
  이영운 세네갈 교육일반분야 KOICA 자문단

- KOICA 해외봉사단원 활동경험담은 계속 출간됩니다.